Zhongguo Wenhua
Zhishi Duben

中国文化知识读本

法门寺

吉林出版集团有限责任公司

吉林文史出版社

主编　金开诚

编著　李明丽

图书在版编目（CIP）数据

法门寺 / 李明丽编著 .—长春：吉林出版集团有
限责任公司：吉林文史出版社，2009.12（2022.1 重印）
（中国文化知识读本）
ISBN 978-7-5463-1672-7

Ⅰ.①法… Ⅱ.①李… Ⅲ.①佛教－寺庙－简介－扶
风县 Ⅳ.① B947.241.4

中国版本图书馆 CIP 数据核字（2009）第 236841 号

法门寺

FA MEN SI

主编/ 金开诚　编著/李明丽

责任编辑/曹恒　崔博华 责任校对/王新

装帧设计/曹恒　摄影/金诚　图片整理/董昕瑜

出版发行/吉林文史出版社 吉林出版集团有限责任公司

地址/长春市人民大街4646号　邮编/130021

电话/0431-86037503　传真/0431-86037589

印刷/三河市金兆印刷装订有限公司

版次/2009 年 12 月第 1 版　2022 年 1 月第 4 次印刷

开本/650mm×960mm　1/16

印张/8　字数/30千

书号/ISBN 978-7-5463-1672-7

定价/34.80元

关于《中国文化知识读本》

　　文化是一种社会现象，是人类物质文明和精神文明有机融合的产物；同时又是一种历史现象，是社会的历史沉积。当今世界，随着经济全球化进程的加快，人们也越来越重视本民族的文化。我们只有加强对本民族文化的继承和创新，才能更好地弘扬民族精神，增强民族凝聚力。历史经验告诉我们，任何一个民族要想屹立于世界民族之林，必须具有自尊、自信、自强的民族意识。文化是维系一个民族生存和发展的强大动力。一个民族的存在依赖文化，文化的解体就是一个民族的消亡。

　　随着我国综合国力的日益强大，广大民众对重塑民族自尊心和自豪感的愿望日益迫切。作为民族大家庭中的一员，将源远流长、博大精深的中国文化继承并传播给广大群众，特别是青年一代，是我们出版人义不容辞的责任。

　　《中国文化知识读本》是由吉林出版集团有限责任公司和吉林文史出版社组织国内知名专家学者编写的一套旨在传播中华五千年优秀传统文化，提高全民文化修养的大型知识读本。该书在深入挖掘和整理中华优秀传统文化成果的同时，结合社会发展，注入了时代精神。书中优美生动的文字、简明通俗的语言、图文并茂的形式，把中国文化中的物态文化、制度文化、行为文化、精神文化等知识要点全面展示给读者。点点滴滴的文化知识仿佛繁星，组成了灿烂辉煌的中国文化的天穹。

　　希望本书能为弘扬中华五千年优秀传统文化、增强各民族团结、构建社会主义和谐社会尽一份绵薄之力，也坚信我们的中华民族一定能够早日实现伟大复兴！

目录

一 法门寺历史沿革概况

阿育王塔

（一）缘起

关于法门寺的建立，有一个很感人的传说。周朝时，美阳村有一个非常信崇佛教的书生，名叫法阿门。他在村子里设佛坛，弘扬佛法，还上书给周天子，力劝天子也参与到这样的行动中来。而当时，佛教在中国是被视为夷狄之地的邪说的，周天子自然不会同意，还大发雷霆，砍去了法阿门的四肢，挖掉了他的眼睛，割掉了他的舌头和耳朵，样子和经吕后残害后的戚夫人差不多了。但是，即便如此，法阿门还是坚持不改变信仰。法阿门坚持护法的事迹感动了远在印度的释迦牟尼，交待阿育王，一定要在自己死后，把自己身体的一部分送到东土法阿门的故居。于是，释迦牟尼的指骨舍利就这样来到了美阳村，又按阿育王的意思，建立一座塔来供奉舍利。这个传说，意在说明法门寺舍利和佛塔的来历。虽然有失真实（《魏略》中记载了大概是最早的佛教东传的情况：西汉哀帝元寿元年，即公元前 2 年，大月氏国王的使者伊存向汉博士弟子景卢讲授了《浮屠经》。而公认的最早建立的佛寺是东汉明帝永平十年，即 67 年，在洛阳建立的白

法门寺正门

马寺。这些都大大晚于周朝这个时间界限），但对于了解法门寺的历史还是有些帮助的。

法门寺大概建立在东汉，据《扶风县志》的记载，是在永平十年（67年），"美阳县（今扶风县地区）建阿育王塔藏佛指骨"。有了塔之后，寺是必然会出现的，所以，"桓帝建和元年至灵帝中平六年（147—189年），建阿育王寺，称塔为'圣冢'"。之所以选择在此建立塔寺，重要的原因大致有三个：第一，扶风地区地处东西交流的丝绸之路的关键位置，所谓"扶风孔道"，必然会较早

法门寺牌坊

受到佛教影响；第二，此地区距离洛阳很近，也容易受到已在洛阳站稳脚跟的佛教的影响；第三，此地区是中国文明的起源之地——周、秦文明都在此建立。佛教想要更好地发展，就需要在此领略中华文明的风采，以更好地寻找到佛教在中国本土的有效发展方式。

在随后的魏晋南北朝时期，法门寺虽经历了战乱不断的时代，却因为此时的各代帝王，无论是西北各少数民族还是汉族帝王，都是信佛的，所以法门寺也没有在战乱中受损。北魏太武帝拓跋焘虽然最初是一个地道的佛教信徒，但即位后不久，就在道士寇谦之和大臣崔浩的一步步引导下远离了佛教，更兼后来一些佛教寺院僧人行为十分有损佛教声誉，太武帝的禁佛指令日益严酷起来，从要求壮年僧人还俗，到将僧人限制在寺院中，再到毁弃寺院佛像，诛杀长安的僧人，黑云笼罩在众僧人和佛寺的头上，佛教在此期间受到了毁灭性的打击。法门寺也厄运难逃，具体的损失情况史书没有什么记载，但从其他寺院的悲惨境遇中可以想见。

终于，在文成帝登基后佛教重新焕发出生命的光彩。到了西魏时期，在宇文氏的大

法门寺牌坊上的"皇帝佛国"字样

力提倡下，佛教兴盛起来。宇文护掌权后，迫使恭帝把周原地区封给宇文觉，后来更是迫使恭帝禅让帝位于宇文觉。这样宇文觉就自视周原岐阳、武功一带为自己的后院，顺势地，这一带的寺院也就成了皇家寺院。法门寺此时主要受长安佛教的影响，宇文皇室经常来寺里降香礼佛，有七女碑碑文为证，从碑文的记载来看，造访法门寺的都是些名门贵族。法门寺也逐渐扩大规模，当时已有五百僧人，堪称是史无前例了。

在北周武帝时代，佛教又经受了一次大规模的洗劫。因为，北周武帝虽然在即

法门寺院内游客如织

法门寺

位之初对佛教很是崇敬，但他更热衷于儒家学说。鉴于南朝佛寺林立却导致灭国的教训，北周武帝决定禁佛。从天和四年（569年）开始，到建德三年（574年），六年间，武帝举行了八次儒、释、道三家辩论会，经过舆论准备后，很快就颁布了禁佛令。关闭佛寺，强制僧人还俗，没收寺产，烧毁佛经，法门寺作为皇家寺院，在这场浩劫中首当其冲，偌大的一座寺院，最后只剩下两间堂屋。僧人各处逃散，部分僧人被禁锢在太白山九林寺中，其状可谓悲惨之至。复兴的希望只能寄托于新皇帝登基。经历灾难后，必将是一片光明的前景，果然，隋唐时代，法门寺

法门寺殿宇

法门寺历史沿革概况

隋唐时期，法门寺迎来了历史
上的辉煌时期

法门寺历经劫难，终又焕发活力

迎来了自己发展史上最辉煌的时期。

（二）兴盛

　　隋朝，在统一了中国后，隋文帝废除
了北周武帝的灭佛令，开始对经历劫难的
各处寺院进行修缮，并广建寺院，弘扬佛法。
曾被囚禁在太白山九林寺的法门寺僧人也
都被放了回来，还将寺名改为"成实道场"，

专门弘扬《成实论》。后来，恭帝杨侑在李渊的建议下又改寺名为法门寺。法门寺又逐渐恢复了元气。可是，这次恢复，本该归属法门寺的荣誉却被所谓藏有舍利的凤泉寺夺去了，法门寺就渐渐不景气了。但在隋末，中国战火重燃，法门寺又一次遭到了破坏，被战火焚烧得只剩下光秃秃的地面了。

法门寺鼓楼

到了唐朝，几乎历代皇帝都崇信佛教，法门寺这时发展得极为迅速，盛极一时。唐代皇室对于舍利的供奉是极为恭敬而盛大的，在此先介绍一下法门寺的寺院在唐代的

法门寺门前的巨龟

建设情况。还是在唐高祖李渊没有称帝的时候，他就为法门寺寻找住持了，这代表唐皇室已经开始重视法门寺了。太宗贞观初年，寺院被修复，僧人已近百人。高宗显庆五年，法门寺又被大修，这次修缮规模空前，寺庙殿宇气魄不凡、雕梁画栋，寺院环境曲径通幽，极具中国特色。由于受到皇室的特殊重视，法门寺的寺名在此期间竟然五次易名。第一次易名，改为成实道场。第二次是在中宗时，改为圣朝无忧王寺，这在《大唐圣朝无忧王寺大圣真身宝塔碑铭》中有明确的记载。这是法门寺成为皇家寺院后得到的殊荣。第三次是在宪宗元和十四年（819年），重新恢复法门寺的寺名。而在文宗开成三年（838年），法门寺曾更名为法云寺。原因是美阳县上空有五色祥云，以为是佛骨显圣。最后一次易名，是在懿宗咸通十四年左右，称为重真寺，有《大唐咸通启送岐阳真身志文碑》为证。

法门寺在唐代是众寺之首。之所以这么讲，是从法门寺的地位和自身特点来看的。地位方面，自是不必解释了，我们一直都在强调法门寺此时超出一般佛寺的皇家内道场、皇室寺院的崇高地位。而法门寺自身也有优势使其能够拥有这一殊荣。唐代的佛教，

法门寺在唐代是众寺之首

法门寺历史沿革概况

是分为若干门派的，如天台宗、三论宗、法相宗、南山宗、密宗、相部宗、律宗、华严宗、净土宗、禅宗等，其中还分南北两派，可谓门派众多，各地寺庙也都谨守其中某宗、某派。唯有法门寺，凭借自己供奉真身舍利的优势，在宗派之争中，可以做到不偏不倚，弘扬整体佛法，成为一个"九经十二部"的总道场，在佛法弘扬方面实为各寺之领袖。而在寺院建设上，别的寺院更是无法与其争锋。法门寺在高宗时期设有瑰林宫二十四院：释迦院、弥陀院、塔会院、毗卢院、罗汉院、祝寿院、上生院、三圣院、天王院、五会院、圆通院、

法门寺雕塑栩栩如生

法门寺

法门寺寺院众多，错落有致

十王院、净土院、妙严院、地藏院、北禅院、维摩院、净光院、戒坛院、吉祥院、新兴院。每院各司其职，从中也可以看出法门寺兼容并包的博大精神。其实，还有诸如浴室院、修造院、招提院等服务性质的院。这二十四院的建设，使法门寺占地百余亩，与嵩山少林寺十二院相比，前者比后者要多了两倍的建设规模。而与此相关的就是法门寺此时雄厚的经济实力，因为，偌大一个寺院的平日支出和祀佛开销等可不是一个小数目。法门寺的经济来源大致有四种：皇室的赏赐，尤其是奉迎舍利时的赏赐，往往是绢数千匹，

法门寺香火旺盛

钱若干，金银器具不可胜数，或者赏赐良田若干顷；附和皇室的就是各位公卿大臣的布施了，往往是在奉迎舍利时，诸家公侯都布施不计其数的金钱；而以法门寺的地位，来自民间的香火自是旺盛有余，百姓们施舍的粮米等常常是数车装载，法门寺的物资非常富足；而凭借自身为数颇众的良田，收取的地租也是数目可观。以上因素成就了一个富甲天下的古刹名寺。也难怪后期的武宗要对佛教如此盛行带来的一些社会问题深恶痛绝，颁布了灭佛令。其前代帝王，敬宗和文宗都已开禁佛的先声，这次禁佛事件在会昌年间达到最盛，史称"会昌法难"。

从开始将寺院隔绝，到后来的拆毁佛寺，没收寺院田产，最终发展到毁坏舍利的地步，幸而寺僧交出的代替品"影骨"使真舍利躲过一劫。在《大唐咸通启送岐阳真身志文碑》中对此都有记载。这场浩劫在宣宗即位后才有所改善，但法门寺衰落的种子已被埋下了。

（三）衰落

五代时期，佛教遭受了一次重大打击——后周世宗显德二年（955 年）五月又开展了一次佛教整顿行动。法门寺从梁代到陈代一直过着的平静日子被打断了，虽然作为名刹，法门寺不在被取缔的范围内，但在发展上也受到了较多的冲击，衰落的种子在这时已经萌芽了。

法门寺一景

宋代，是佛教发展过程中一个比较好的朝代。从宋太祖开始，宋代的皇帝基本上都奉行保护佛教的政策。尤其是宋初、中期。太祖、太宗、真宗、仁宗、神宗、哲宗等几位皇帝为佛教的发展作出了很大的贡献，很多佛经的翻译工作都是在这个时期进行的。法门寺在宋代虽然不再是皇家的内道场了，但是作为民间寺院，法门寺的香火还是很盛的。这在其浴室院还能每天沐浴千人的记载中就能看得出来。法门寺在仁宗朝改名为重真寺，此时，寺院香火依然很盛，这在《普通塔记》的碑文中就可得知，四方游僧纷至沓来，文人墨

宋代皇帝保护佛教，法门寺香火旺盛

法门寺

客、高官权贵更是不在少数。法门寺在宋代
发展的最鲜明的特点就是：在唐代的基础之
上，形成了以农业为基础，兼具手工业和商
业的，成规模的庄园经济支撑力量。《扶风
县石刻记》中有详细的记载：法门寺时有田
地三百六十七亩，房屋八间，牛三头，车一
辆等相关的农具。而僧人又在政府的支持下，
可以大量购买土地，《买田地庄园记》中就
记叙了法门寺二十四院之一的院购田四顷的
情况，寺院的经济实力不容小觑。正是如此

法门寺广场雕刻

雄厚的经济实力，才可以支撑如此规模的一座寺院及其隆重的佛事活动。宋代皇帝并不是个个崇佛，徽宗就是一个例外，他虽然极力推崇道教，却也曾为法门寺写了《赞真身舍利》诗一首。徽宗如此作为，显得略有矛盾之处，应该是为政治需要才这么做的。于是，上有所好，下有所为，地方官为了讨好皇帝，就效仿隋文帝杨坚"立卧虎石于寺门"的典故，也运来一块大石头，请石匠雕刻了一只威风凛凛的老虎，打算立在大殿之前。可石匠动了手脚，用"水隐法"刻了一只猴子，石头经水一洗，虎不见了，只剩下一只猴子，人们都戏称这是"卧猴石"。

更有传闻说法门寺"皇帝佛国"的匾额是徽宗携名妓李师师来寺院时题下的。虽不尽是事实，倒也说明法门寺此时的地位还是比较高的。

到了金代，女真人对于佛教还是重视的，法门寺在这段时期内依然保持着自己关西古刹的崇高地位。曾有寺僧抄写《大藏经》五千卷的记载。在《谨赋律诗九韵奉赞法门寺真身宝塔碑》中对此也有很好的体现："三千界内真无等，十九名中最有缘。百代王孙争供养，六朝天子递修鲜……三级风檐压鲁地，九盘轮相壮秦川。"金代崇佛气息很浓厚，先后有金烛、法爽两位僧人做出惊人之举——自焚以侍佛。这在《金烛和尚焚身感应碑》中有所记载。法爽事件更是牵动了社会各个阶层的神经，足见法门寺此时仍是地位不俗的佛门圣地。

元代，法门寺基本上没有什么发展，因为蒙古人信奉的是藏传佛教。

明代，是法门寺发展史上一个比较重要的时段。因为明太祖朱元璋曾经出家为僧，所以对于佛教很是另眼相待，但也正是因为朱元璋有出家的经历，对于佛教内部事务深有洞悉，他即位后就开始对佛教寺院进行改

法门寺一景

法门寺历史沿革概况

革：佛寺要由官府管理，限制寺院的地产、出家人的年龄，出家还要经过考试等等，表面上是规范了寺院管理，但无形中也对寺院造成了一定程度的压制。法门寺亦在收缩之列，经济上、僧人数量上，都有所减少，经济上更是日渐困难，规模大不如从前。更不幸的是，嘉靖三十四年（1555年）十二月十二日，法门寺所在的华县地区发生了大地震，法门寺的四层木塔内部受损严重，随后在1569年，再度发生了大地震，使这座四层木制回廊式释迦牟尼真身宝塔彻底垮塌了。在朝廷未有行动前，自称"西蜀达州居士"的一位苦行僧效仿许玄度，

法门寺塔高耸刺天，气势恢弘

法门寺

身带铁链，四处为重建法门寺宝塔化缘，事迹十分令人感动。终于，在1579年，万历皇帝下令重建法门寺宝塔。历经三十年，在地方绅士杨禹臣、党万良的带领下建成了一座高四十六米、直径十六米，有八十八座佛像的十三级八棱砖塔。建成的宝塔塔基正南面的门上大书"真身宝塔"四字，正东面的门上则书写"浮图耀日"四字，西面是"舍利飞霞"，北面是"美阳重镇"，处处显示着此塔的神圣与重要。此宝塔矗立在关西平原上，气势雄奇高峻，更显示出名寺古刹的气魄。

法门寺塔局部

美丽的传说给法门寺增添了浪漫的色彩

明代法门寺的大殿中多了一块很有来历的石头——巧姣告状石。故事发生在正德五年（1510年），宋巧姣是眉坞县宋家庄（今陕西眉县城关宋家院）人，幼年母亲就去世了，父亲宋国士虽是一名生员，但因家境贫寒，也就无心赶考。弟弟宋兴儿给乡约刘公道当童工，却被刘公道害死，牵扯宋国士入牢。原来，当时被刘瑾陷害而死的功臣傅有德之妻与子傅鹏流落到此，务农度日。傅鹏作为名门之后，生得眉清目秀，仪表不凡，是个知书达理之人。成年后，带着母亲给的一对玉镯自行择亲，与孙家庄的孙玉姣定下婚事。此事却被当地刘媒婆

前来法门寺参观的各方游客

撞见，要了玉姣的一只鞋，表示愿意为二人做媒。回到家，被行为素来不端的儿子刘彪知道，前去企图行不轨之事时，却错把玉姣的舅父、舅母杀害，把尸体扔在了刘公道家。刘公道怕招惹官司，就让兴儿把尸体扔进井里，又把兴儿害死，报官说是兴儿偷了自己的钱物逃跑了，连带宋国士入狱。巧姣咽不下这等冤枉苦水，据理力争，也被打入狱中，与孙玉姣相见，得知事情缘由，推断是刘彪杀人。被傅鹏赎出后，巧姣等待太后来法门寺敬香时，在太后面前告了御状，得以申明冤情，救出父亲。传说，巧姣告状伸冤起身

法门寺出土文物——鎏金佛像和法器

后，跪着的地方出现两个圆圆的凹陷，人们都说是巧姣的诚心感动了上天，夸赞巧姣的机智勇敢，把这块石头留在了大殿的甬道处。玉姣和巧姣双双嫁于傅鹏，结下美满姻缘。这个故事后来也被改编为《宋巧姣告状》、《法门寺降香》、《双姣奇缘》等戏剧唱段。

清代皇室对藏传佛教十分感兴趣，所以，如同元代的遭遇，法门寺作为中原古刹、汉地佛寺，受到了冷遇，朝廷对法门寺只是进行了一些修缮工作。例如，顺治癸巳年（1653年）重建钟楼，恢复了法门寺著名的、曾被明代王龙作诗歌咏的"法门晓钟"景观。清代扶风县知县刘瀚芳有《法门寺晓钟》诗，扶风县丞陈允锡也有《法门晓钟》诗。但是好景不再，法门寺在同治元年陕西的起义事件中毁于战火，幸而宝塔保存完好。在光绪十年（1884年）又一次重修法门寺，历时一年，有《重修崇正镇法门寺碑记》的详细记载。但规模和前代无法相提并论，法门寺二十四院的辉煌时代一去不复返了。

二　法门寺至宝——舍利

法门寺合十舍利塔

（一）舍利简介

法门寺之所以有很大的名气，主要的原因之一就是它供奉着佛教圣物——释迦牟尼的真身佛指骨舍利。

舍利，就是得道高僧圆寂后，火化后留下来的残余骨烬。这是来自梵语Sarira，音译读为驮都，也叫设利罗。舍利虽然是人火化后留下来的，但佛家舍利和普通的骨头是有区别的，据说不仅形状上变化多端，有圆形、椭圆形、莲花状等，在色彩上也富于变化，黑、白、红、绿等等，真可谓是多姿多彩。更让人惊奇的是，舍利中还有些像玛瑙、水

法门寺藏有释迦牟尼真身舍利

晶一样晶莹剔透，光彩照人的。释迦牟尼留下来的脑舍利，就是五颜六色的透明的圆形颗粒，非常漂亮，也难怪佛教信徒们把它们看得如此神圣了。舍利有真身舍利和法身舍利之分，真身舍利就是佛的肉身火化后留下来的遗骨，法身舍利就是可以永世不灭的佛经。舍利还有全身、碎身之分。释迦牟尼的舍利分散四处供奉，就是碎身舍利，而在我国佛教发展史上有重要地位的六祖慧能的真身就是保存得很完整的全身舍利。

释迦牟尼涅槃后，他的弟子共搜集到他的一块头顶骨、两块肩胛骨、四颗牙齿、一

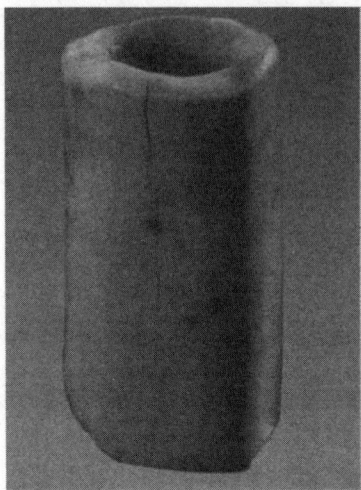

佛骨舍利

节中指指骨舍利和八万四千颗珠状真身舍利子。法门寺的佛指骨舍利，就是当初留存下来的唯一指骨舍利。阿育王当政时，把这些舍利分散世界各处，华夏大地有五，而扶风得其一。各处都建塔以保存舍利，人称阿育王塔。在中国，据《法苑珠林》中的记载，阿育王塔共有十九座，分别是：西晋会稽贸（贸耳）县塔、东晋金陵长干塔、后赵青州东城塔、姚秦河东蒲坂塔、周岐州山南塔（即法门寺）、周瓜州城东古塔、周沙州城内大乘寺塔、周洛州故都西塔、周凉州姑藏故塔、周甘州删丹县故塔、周晋州霍山南塔、齐代州城东古塔、隋益州福感恩寺塔、隋怀州妙乐寺塔、隋并州净明寺塔、隋魏州临黄县塔等。而唯独法门寺地位颇显，在金代的《谨赋律诗九韵奉赞法门寺真身宝塔碑》中就有"三千界内真无等，十九名中最有缘"的说法，点明了舍利与法门寺有密切的关系——寺以舍利为荣。佛塔在传到中国后，经过与中国传统文化的融合，带有了中国"味道"。舍利的存放地点也有了变化，不再把舍利安放在塔内，或者说是地面上了，而是转移到地下——地宫中。

法门寺的舍利是非常珍贵的佛教圣物，在佛教盛行的时代，它受到了自上至下的高度重视。下面就介绍一下历朝历代对法门寺舍利的奉迎情况。

（二）舍利的奉迎

法门寺舍利历史上共有十一次颇具规模的奉迎。分别发生在三个朝代：北魏、隋、唐。

首先是北魏。北魏皇室后裔拓跋育扩建法门寺，并于元魏二年（494年）首次开塔奉迎舍利出塔。其次是隋。隋文帝开皇三年（583年）改称法门寺为"成实道场"，仁寿二年（602年）右内史李敏二次开塔瞻礼。

这两次奉迎活动在《大唐咸通启送岐阳真身志文》和《大唐圣朝无忧王寺大圣真身宝塔碑铭》中都有记载。

法门寺舍利最主要的奉迎活动发生在唐代，这与法门寺当时的显赫身份是分不开的。唐代皇室对佛教很重视，法门寺成了皇室的内道场。唐代皇室第一次奉迎舍利是在唐太宗贞观五年（631年）。这源自信奉佛教的岐州刺史张德亮的建议。张德亮在法门寺处见寺塔"夜有禅光"，加上

佛指舍利

法门寺至宝——舍利

当时流传法门寺塔一闭三十年，舍利也就三十年一示人，舍利示人可以使国家太平、百姓和乐，故向太宗请示开塔，供奉舍利，太宗同意了。于是，舍利第三次出塔，接受世人的瞻礼。据《法苑珠林》记载，有一个已经失明很多年的人，在见到舍利后，眼睛就复明了。而众人眼中的舍利，也如"一千个读者就有一千个哈姆雷特"一样，有不同的形色，或五色光彩杂现、或净白如玉，更有见到佛像、菩萨形状的。但其中有个人却看不见舍利；他不是失明，而是因为平生作恶多端，只好忏悔不已。最虔诚的人甚至烧毁自己的躯体，刺破自己

晶莹剔透的舍利

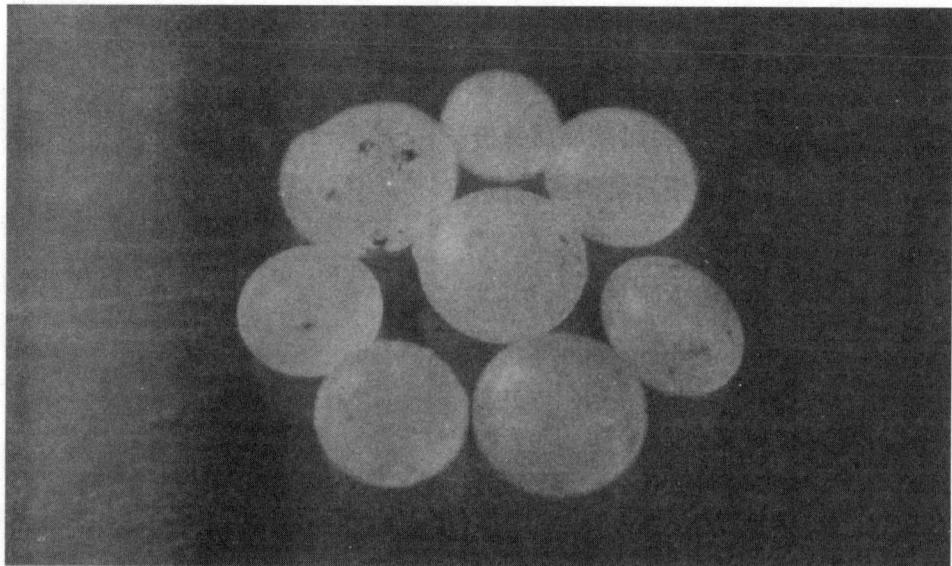

法门寺

法门寺因舍利而置塔，因塔而建寺

的肌肤，以如此诚心来向舍利、向佛祖表示崇敬，这才看到了舍利。这与韩愈《论佛骨表》中所描述的情形大致不二。

第二次迎接舍利，发生在高宗时期。显庆四年（659年），僧人智琮建议高宗对法门寺进行维修。高宗就派他带着钱五千，绢五十匹作为供养去迎接舍利。据说，智琮到了法门寺，并没有很顺利地迎接到舍利，而是经过了一番诚心的表示才见到了舍利。而经由在自己的臂膀上设置炭火，烧香祈祷后见到的舍利却不是指骨舍利，而是八粒宛若明珠的小舍利。写信报告皇帝后，高宗立刻

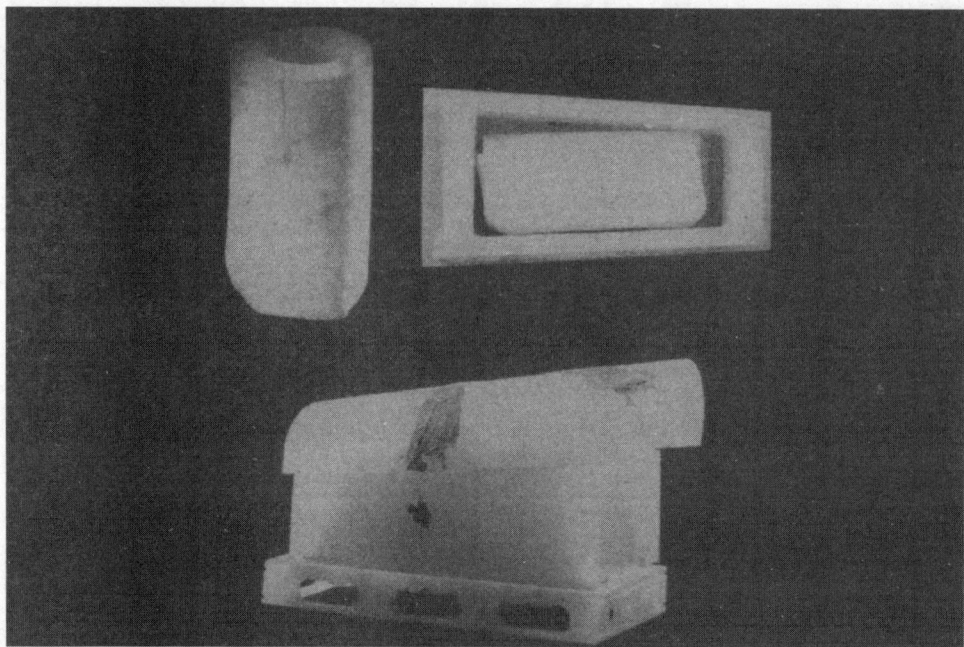

第三枚佛骨舍利及白玉棺

下令修缮寺塔，塑造阿育王像，还送去三千匹绢。如此这般，才迎接到了指骨舍利。而舍利就是在这个时候更换了安置容器，由简陋的石臼变为豪华的金棺银椁，武则天也供奉衣帐作为供养器物。舍利被供奉在皇宫中直到龙朔二年（662年）才重新回到法门寺里。这次奉迎舍利真可谓是"旷日持久"。

第三次迎接舍利，就是在武后当政时了。武周长安四年（704年），武则天派人到法门寺迎接舍利到东都洛阳，舍利被供奉在明堂之上供养。第二年五月十五观灯日，武则天净身斋戒，大作佛事，又赐绢三千匹，以示自己侍佛之诚心。此事见载于《唐大荐福寺故寺主翻经大德法藏和尚传》，因为，法藏是这次供奉活动的主要参加者之一，亦见载于《大唐圣朝无忧王寺大圣真身宝塔碑铭》中。705年，发生了宫廷政变，武则天死去，舍利仍然留在宫中供养。

第四次是在中宗时。景龙二年（708年），中宗令僧文纲护送舍利往法门寺入塔。《唐中宗下发入塔铭》中详细记载了这件事。这次送舍利回法门寺，中宗为舍利准备了级别很高的供养，包括自己及顺天翊皇后、长宁公主、安乐公主、郑国夫人、崇国夫人的头发。古人的观点是：身体发肤，受之父母，不可有半点损伤。头发代表皇室是在用身体供养舍利。中宗奉还舍利，是对武则天奉迎舍利事件的一个了结，结束了舍利在东都三年多的供奉经历，时间长度大抵和高宗时差不多了。

第五次是在肃宗时期。肃宗奉迎舍利，应该是继"安史之乱"后，在道教盛行的情况下，唐代皇室心中还有佛教的一种表示。因为，在这段时期内，玄宗就曾满三十年未迎奉舍利。肃宗本人迎奉舍利也是出于实际的需要——稳定当时的动乱的政局。安禄山等人的叛乱，使肃宗从京都的皇宫中转移到

法门寺塔

了法门寺所在之地扶风。不空和尚帮助他用佛教稳定了军心、民心，后来唐军胜利，而且经过向佛祖的祈祷，肃宗的病也好了，肃宗开始倾心于佛教。曾经一度受到冷遇的法门寺又回到皇家寺院的显赫位置。在又一个"三十年"之期到来时，肃宗决定奉迎舍利入宫供奉。上元元年 (760 年) 五月十日，令僧法澄、中使宋合礼、府君崔光远于法门寺启发佛指舍利，迎赴内道场，于七月一日展出。肃宗圣躬临筵，昼夜苦行，以示自己对佛教的虔诚。同时，还诏赐瑟瑟像一铺、事金银之具、爪发玉简及瑟瑟数珠一索、襕金袈裟一副、沉、檀等香三百两。这次供奉活动持续了两个月，限于当时的情况，规模已大不如前代了。这在《大唐圣朝无忧王寺大圣真身宝塔碑铭》中也有记载。

　　第六次奉迎舍利是在代宗时期，代宗虽然很信奉佛教，但这次是空有想法，却没有行动。永泰元年（765 年），政局险恶，回纥、吐蕃等联合仆固怀恩进攻奉天，京都告急，因为局势紧张，代宗只为法门寺立下了《大唐圣朝无忧王

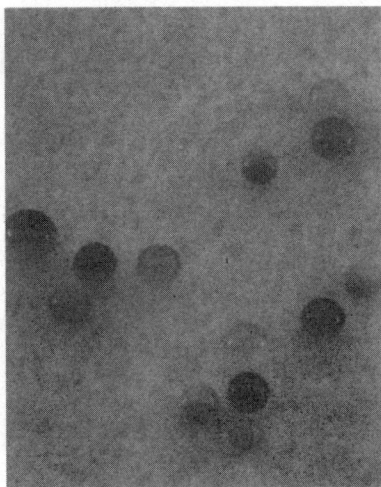

佛骨舍利

法门寺幽深的长廊

寺大圣真身宝塔碑铭并序》碑，没有遵守三十年一迎舍利的成例。

第七次奉迎舍利是在德宗期间。德宗登基之初，并不热衷佛教，只是在贞元六年（760年），适逢又一个三十之期，只好例行公事，迎接舍利，走了历时一个月的过场。

第八次奉迎舍利是在宪宗时期。这次迎接舍利，成了唐代历次迎接舍利中非常出名的一次，韩愈就是因为劝谏这次奉迎活动而被贬职的，具体情况在《韩愈与〈论佛骨表〉》一节中有详细介绍。据说，这次供奉设立后，宪宗自我感觉非常不错，还写下了一首诗以示纪念。

第九次奉迎舍利是在懿宗咸通十四年(873年)三月。这次活动是在咸通十二年就开始做准备的。经历了武宗灭佛的打击后，法门寺终于又迎来了严冬后的春天。咸通十四年四月八日，由朝中重要大臣组成的高规格迎舍利队伍迎接舍利归来。据《旧唐书》、《资治通鉴》等记载，懿宗对这次舍利供奉极为重视，派出禁军为舍利开路，大奏音乐，仪仗非常隆重，绵延了数十里路。懿宗还亲自登上安福门，膜拜舍利，广散金银锦帛。舍利入宫后，为舍利安排了金花帐、温清床、

法门寺建筑庄严肃穆

法门寺至宝——舍利

远眺法门寺合十舍利塔

龙鳞之席、凤毛之褥、玉髓香、琼膏乳等进贡的精品。送还舍利时，懿宗又送去无数的琉璃、金银等供养器物。

唐以后的宋、金、元、明、清各代，都只是对法门寺进行了修缮工作，舍利从懿宗咸通十四年十二月归还、咸通十五年重入地宫后，就再也没有被奉迎过了。唐代是法门寺历史上最重要的一段时期，在唐代，法门寺受到了最高的重视，拥有了最繁盛的一段岁月。

三 地宫与唐代茶文化

(一) 地宫简介

地宫是佛塔的基本结构之一。一般而言，佛塔是以地宫、塔基、塔身和塔刹等部分作为主体结构的。地宫处于最底层，顾名思义，相当于地下宫殿，与已逝者有密切的关系。法门寺地宫以其埋葬着佛骨舍利而闻名天下。但是，在佛教传统中，佛骨舍利不是埋在地下的，而是供奉在佛塔的顶部，称为"天宫"，传入中国后，为了发展的需要，逐渐接受了中国传统的改造，施行舍利地藏。地宫也被称为"龙宫"或者"龙窟"。龙，在中国传统中是圣物，唯有当朝天子可与之相提并论，现在，供

法门寺地宫内景

奉佛骨的地宫也有此称，足见地宫之重要性、神圣性。地宫主要埋藏的是舍利，以及一些陪葬的珍贵器物。最初的地宫比较简陋，在盛唐和晚唐时期，皇家修建的地宫已经非常奢华了。法门寺地宫就是一例。

法门寺地宫历史久远，据史料考证，558年，淮安王拓跋育就曾开启塔基，供奉佛骨舍利。说明在此之前，地宫就是存在的。隋代末年，右内史李敏再次开启塔基，供奉佛骨舍利。到了唐代，皇室对法门寺给予了高度重视，对地宫也进行了修缮，地宫建设日趋豪华。唐代地宫也成为后世津津乐道的

第二重金筐宝钿珍珠装斌玦石函

话题。唐代法门寺地宫建筑形式如下：有前中后三室，四重门，还有一个密龛。地宫室顶保持了佛教建筑的特色，是斜角平顶式。法门寺地宫的建筑规格是当时的最高等级，和皇帝的墓室建筑等级一样高，可见法门寺当时的极盛之势。法门寺佛骨舍利按照印度佛教的传统方式埋葬，以容器盛舍利，埋入地下。但在唐代，盛舍利的容器却发生了很大的变化——以金棺银椁这样奢华的东西来作容器。佛骨舍利享受了奢华的待遇：第一枚舍利，被安置在八重宝函内，舍利是套在银柱子上的。这八重宝函分别是：小金塔、金筐宝钿珍珠

装斌珠石函、金筐宝钿珍珠装金函、盝定金函、
盝顶银函、素面银函、鎏金盝顶银函、银棱盝顶
檀香木函，外面用红色锦囊包裹。第二枚舍利，
被安置在丝绸包裹的鎏金银棺内，外套盝顶铁函，
放在唐中宗景龙二年由法藏和尚供奉在佛祖前的
汉白玉双檐灵帐之中。第三枚舍利，被安置在玉
棺中，外面依次是水晶椁、银包角檀香木函、鎏
金盝顶银函，用织金锦包裹，外套铁函，放在后
密室的密龛中。第四枚舍利，被安置在银棺内，
外裹罗面绢里夹包袱，放在汉白玉阿育王塔内的
铜浮图里。这样隆重地安置舍利，与佛教舍利陪
葬供养"七宝"说是分不开的，这"七宝"分别
是：珍珠、玛瑙、琥珀、砗、琉璃、金、银。

如此之多的金银、玉石、水晶的宝器，足够炫目了。而地宫中除了神圣而珍贵的舍利，铺满地面的铜钱（人称"金钱铺地"）外，更有数不胜数的贵重陪葬器物。根据《监送真身使随真身供养道具及恩赐金银衣物帐》碑文的记载，这些陪葬器物大致分为生活用具、供养器、法器三大类，其中又细分若干小项。

1. 生活用具

这方面的器物涉及到了唐代生活，尤其是宫廷生活的各个方面，非常具体，是唐代生活的真实写照。包括唐代皇室使用的碗、盘、碟等及来自宫廷作坊文思院的一套完整的金银材质的茶具和来自浙西民间手工艺人之手的洗浴

法门寺地宫的文物十分精美

法门寺
046

佛像专用的浴佛盒。具体的物件如鎏金双凤
衔绶御前赐银方盒、鎏金双狮纹菱弧形圈足
银盒、素面委角方银盒、素面圈足圆银盒、
双鸿纹海棠形银盒、鎏金十字折枝花小银碟、
盘圆座葵口小银碟、鎏金鸳鸯团花双耳大银
盆等，无一不选材贵重、制造精美，处处显
示着唐代皇室的奢华。

2. 供养器

香、花、灯、果、涂香、茶、食、宝、
珠、衣是佛教的十大供养。法门寺在唐代时
的极盛状态，使地宫中的佛骨舍利的供养器
都是由很珍贵的材质制造的，足见唐代皇室
礼佛的隆重。例如：银芙蕖（即莲花。佛教

法门寺文物——银芙蕖

法门寺文物

的本生故事中把莲花看做往生之所托）、鎏金卧龟莲花纹五足朵带银熏炉及银炉台、鎏金象首金刚镂孔五足朵带铜香炉（香炉也叫熏炉、火炉，是大乘比丘十八物之一，是佛事六供或十供常用的首要供具）、鎏金鸿雁纹壶门座五环银香炉、壶门高圈足座银风炉、长柄银手炉、鎏金双蛾纹银香囊、鎏金仰莲瓣荷叶圈足阏伽水碗、鎏金三钴杵纹臂钏、素面银灯、素面银香案、鎏金壶门座波罗子。

3. 法器

又称为佛器、佛具、法具或道具。宽泛地说，只要是在佛教寺院内，所有有关庄严佛坛，以及用于祈祷、修法、供养、法会等各类佛事的器具，甚至佛教徒所携带的念珠、锡杖等都可称之为法器。法器主要包括：佛坛、须弥坛、幡、盖、经幢、灯、华、香、香炉、衣（袈）、阏伽器、木鱼、钟、鼓、磬、云板、钵、三衣、澡豆、头巾、手巾、齿木、滤水囊、念珠、拂子、如意、竹篦、蒲团、佛龛、舍利塔、经箱、戒体箱、曼荼罗、金刚铃、金刚杵、法螺、护摩器具、唐卡、哈达、食子、八吉祥、七宝、颁器、嘎乌等。

法门寺地宫的法器包括：鎏金单轮六环铜锡杖、鎏金双轮十二环银锡杖、迎真身银金双轮十二环锡杖；伽陵频迦纹小金钵盂、鎏金团花银钵盂；鎏金银如意、素面银如意；

法门寺出土的法器

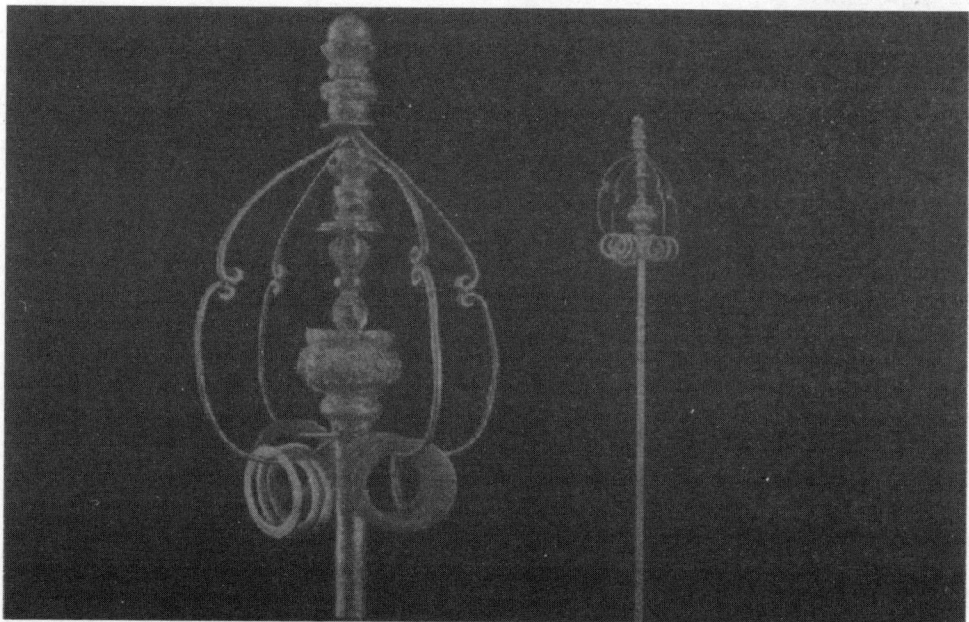

银阙伽瓶、盘口细颈黄琉璃瓶、八棱秋色瓷净水瓶。

法门寺地宫的陪葬器物在装饰上都非常精美，或雕刻龙、凤、鸿雁、鸳鸯、鲤鱼、海棠、荷花、折枝团花等动植物纹饰，或采用中国传统神话中的飞天、天马流云纹，或绘以鲜明佛教特色的伽陵频迦等纹饰。而且，器物的造型都是精心设计的，器物线条都很流畅，美观大方、贵重精致是这些器物的共同特点。

（二）唐代的茶文化

对茶文化的介绍，源自地宫陪葬器物中一套完整精致而又贵重的宫廷茶具。茶

法门寺地宫茶具

茶文化在唐代兴盛起来

文化在中国是有悠久历史的，是中国传统文化中非常有韵味的一部分。中国的茶文化在唐代以前处于安静无声的状态，直到唐代才兴盛起来，而且，随着佛教的盛行，茶文化也传播得更为广泛（当时，南北方寺院都已经普遍流行喝茶。禅宗在北方的兴盛，更是推动了饮茶习俗在北方的传播发展）。在唐代之前，我们所讲的"茶"字，实际上都是"荼"字，"茶"字是在唐代才出现的。唐代有山南、淮南、浙西、浙东、剑南、黔中、江南、岭南八大茶叶产区。从诗人王建"水门向晚茶商闹，桥市通宵酒客行"的诗句中我们可以感受到当时茶叶的经营也是很发达的。唐

鎏金银茶笼

代茶文化中最重要的一点是，产生了人类历史上第一部关于茶的研究专著——陆羽的《茶经》。《茶经》中很好地反映了饮茶的习俗在唐代的传播情况。据史料载，当时的宫廷经常用进贡的名茶举办茶宴，上至皇帝，下至群臣，流觞曲水，丝竹管弦，情趣盎然。甚至德宗皇帝在建中三年因兵变来到奉天时，手下人都没有忘记用快马给皇帝送来新近上供的好茶，足见其嗜茶之深。大诗人顾况还写了中国文学史上第一篇关于茶的赋——《茶赋》。

法门寺地宫中的这套茶具，基本材质都是金银，带着浓郁的皇家气息。《物帐碑》中记载："懿宗供奉：火筋一对，僖宗供奉：笼子一枚，重十六两半。龟一枚，重二十两。盐台一副，重十二两。结条笼子一枚，重八两三分。茶槽子、碾子、茶罗、匙子各一副，七事共重八十两。"这说得比较笼统，具体的茶具包括：鎏金镂空鸿雁球路纹银笼子、壶门高圈足座银风炉、鎏金壶门座茶碾子、鎏金飞鸿纹银匙、鎏金仙人驾鹤纹壶门座茶罗子、鎏金人物画银坛子、蕾纽摩羯纹三足架银盐台、鎏金伎乐纹调达子、系链银火筋、素面黄色

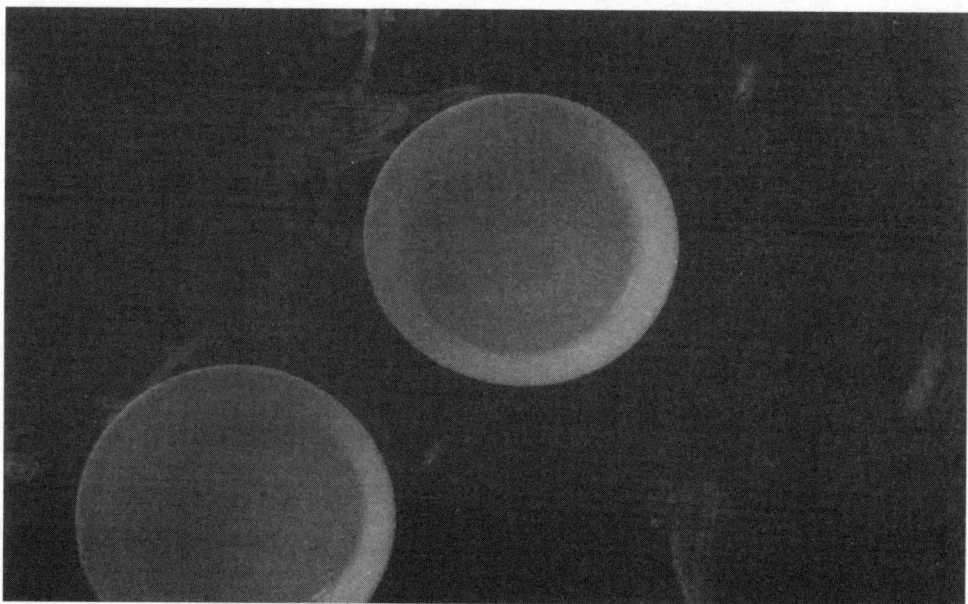

法门寺对茶道文化亦有贡
献

琉璃茶托、茶盏及前面生活器具部分提到的
龟盒等。从嵌字看来，多为僖宗皇帝所使用。

《茶经》中记载了唐人的饮茶方式有粗
茶、散茶、末茶、饼茶，即斫、熬、炀、舂
四种。在诗人储光羲《吃茗粥作》诗中，有
"淹留膳茗粥，共我饭蕨薇"的句子，说明
当时还保留了吃茶粥的古老风俗。唐代饮茶
之风盛行，这四种饮茶方式在唐代诗人的诗
作中都可以找到证据。例如，陆希声《茗坡》
诗"惜取新芽施摘煎"，说的就是摘即煎而
饮之的散茶法。刘禹锡《西山兰若试茶歌》
讲的就是将新摘茶芽烘炒后，研磨成末煎饮
的"炀"法。但当时最流行的还是创自陆羽

的饼茶法。即经过采、蒸、捣、拍、焙、穿、封七道工序，将茶芽制成茶饼。喝的时候，首先要对茶饼进行烘烤，把茶饼存储时吸收的水分烤干，再把烘烤变硬的茶饼碾碎成末，用箩筛出细致晶莹的茶粉，最后在"活火"上煎茶，在水处于"缘边如涌泉连珠"的二沸状态时放入茶末。而唐人饮茶时还会在茶里放些调料，如胡椒、盐等。薛能诗中就有"盐损添常诫，姜宜著更夸"的说法，还有添葱、橘皮、薄荷、茱萸等调味料的。唐代茶具有很丰富的内容，陆羽记载了二十八种：煎水的风炉、盛灰的灰承、扇火的筥、槌炭的炭挝、夹

唐代龟型银茶盒

法门寺

炭的箸、放茶的交床、烤茶的夹、存放茶的纸囊、碾茶的碾及拂末、罗茶的罗合、称茶的则、盛水的水方、滤水的漉水囊、舀水的牺勺、搅水的竹夹、盛盐的鹾簋、放盐的揭、盛熟水的熟盂、饮茶的碗、放茶碗的畚、洗茶具的札、放剩水的涤方、放茶渣的滓方、擦茶具的巾、陈列茶具及存放茶具的都篮等。且对茶具都有很高审美要求，最好的是茶碗和茶色相得益彰的如玉如冰的越瓷。饮茶的用水也有山水、江水、井水三种品级之分。在煎茶时，水第一次煮沸时放入盐，第二次煮沸时要先舀出一瓢，然后用竹夹搅动，投入茶末，继续搅动，使水出现泡沫，即汤花。汤花分为轻细的花、薄的沫、厚的饽三种状态。关于分茶，陆羽认为最多煮水一升，最多分五碗，不可多分，且煎茶过程中不能添水。品茶则需要趁热连饮。陆羽的饮茶方式得到了很大的推广，后来还出现从"汤戏"发展来的斗茶习俗。

　　唐代这些饮茶习俗在唐代宫廷都有体现，法门寺地宫中的这套茶具是最好的证明。其中，门高圈足座银风炉、系链银火筋，是烤茶用的；鎏金壸门座茶碾子、纯银碢

唐代茶具

唐代是中国茶文化发展的高峰时期

轴、鎏金仙人驾鹤纹壶门座茶笺子，是碾茶和筛茶用的；鎏金银龟盒，是贮存茶的；蕾纽摩羯纹三足架盐台，是放盐的；鎏金伎乐纹银调达子则属于点茶器。点茶，就是斗茶。这是很有趣的一种游戏，据说唐玄宗宠爱的梅妃不仅色艺双绝，还很会斗茶，甚至赢了玄宗。唐代宫廷对饮茶很重视，每年清明都会举办盛大的清明茶宴，清明茶宴的主要内容就是品尝明前茶。李郢的《茶山贡焙歌》："十日王程路四千，到时须及清明宴。"说的就是各路贡茶清明前送抵京都的情况。另外，宫人们也会举办自娱自乐的茶会，皇帝也会把茶赏赐给臣下。在唐代，饮茶是一个举国上下皆风行的时尚活动。著名的日本茶道，就受到此时的中国茶文化很深的影响。唐代是中国茶文化的发展高峰及代表，在中国茶文化发展史上是里程碑式的一段时期。

四 法门寺与中国传统文学艺术

法门寺本身并不缺乏文化气息，像唐代大诗人贾岛的弟弟无可师傅就出家在此，他像哥哥一样，也工于诗歌创作。还有贯休法师，也是诗文兼备。但这里我们主要谈谈和法门寺有关的俗家文学创作。毕竟，在中国文学史上，他们有更重要的地位和影响力。

（一）诗歌：苏若兰与《璇玑图》

谁也不会想到在法门寺这个佛教圣地，居然会引出一段动人的爱情故事，而且更是由此为中国传统文学发展的长河中增添了一朵美丽的浪花。

苏若兰秀美端庄

回文诗

　　在讲述这段爱情故事之前，先要介绍一个古代文学名词：回文诗。回文诗是我国古代诗歌中一种很独特的体裁。回文，也可以写作"回纹"、"回环"。回文诗就是一种将字词按照一定规则排列的诗，这种体裁的诗歌，虽然表面形式很规矩，但诵读起来却是变化多端的：无论是顺着读、倒着读，还是上下颠倒着读，更或是斜向交叉着读，只要遵循它的规律，都能读出一首优美的诗来。可见这是一种很活泼的诗，它的变化多姿，给予了诗文本身无穷的生命力。回文诗最早的创作可以上溯到西晋时期，是西晋初期的苏伯玉之妻所作的《盘中诗》。随后有东晋元帝时期的温峤和前秦时期的苏若兰作的回文诗。

这位苏若兰就是我们将要讲述的故事的主人公。也许读者会问，题目不是说"苏若兰与《璇玑图》"吗，怎么又说她与回文诗有关了？原来，回文诗的别名就叫璇玑图，而我们的主人公苏若兰正是以《璇玑图》名世的。

苏若兰，前秦时期人。本名苏惠，字叫若兰。是当时陈留武功苏道质的第三个女儿，约生于秦王苻坚永兴元年（357年）。据《晋书·列女传》的记载，苏若兰从小天资聪慧，三岁学字，五岁学诗，七岁学画，九岁学绣，十二十岁学织锦。十五岁时，

回文璇玑图诗（局部）

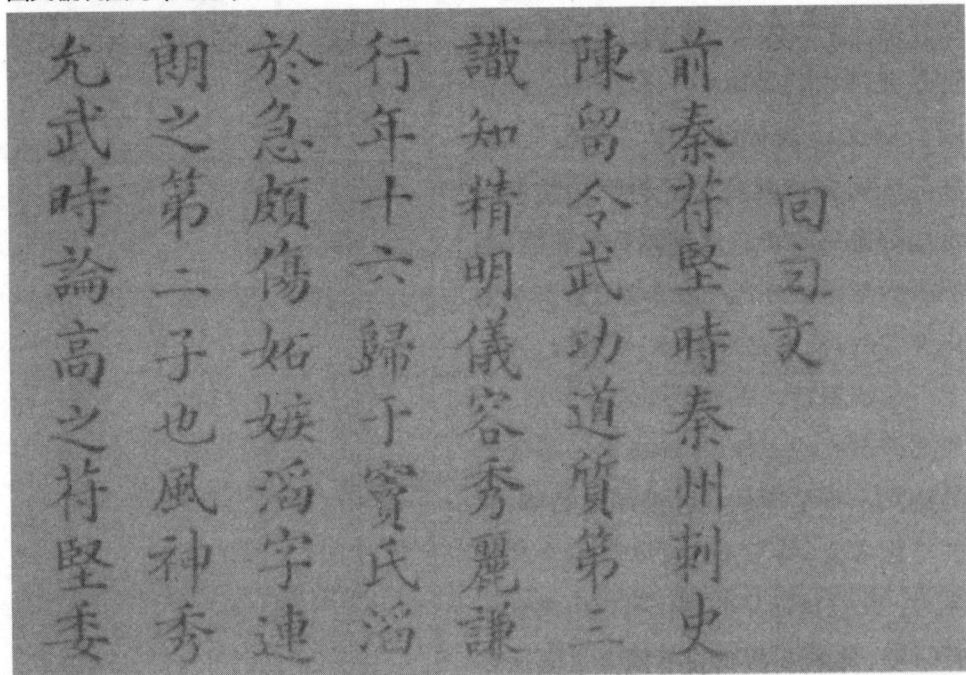

出落得如花似玉，描红女工，琴棋书画，无一不精，成了远近闻名的才女。前往苏门提亲的人络绎不绝，但所介绍的男子，都被苏若兰认为是平庸之辈，没有一个她能看得上的。

十六岁时，苏若兰跟随父亲到法门寺（此时，法门寺还叫阿育王寺）来游玩。恰逢庙会，在寺内的西池边看见一位英俊少年。只见此少年弯弓搭箭，向空中，射下飞鸟；向水面，射中游鱼，果真是一手好箭法！仔细观看，岸边还有一把宝剑，剑已出鞘，寒光烁烁，压着几卷书籍。正在此时，突然出现

法门寺一景

法门寺与中国传统文学艺术

法门寺佛像雕塑

一群官兵，推推搡搡地带着一个衣衫破旧不堪的大汉走过，后面一位白发苍苍的老者在哭着追赶，样子实在是很悲惨。少年见了，连忙去劝阻官兵，但官兵们都不讲道理，还骂少年多管闲事。少年大怒，施展拳脚功夫，将官兵们打倒在地，救下了大汉。还赠送老者一锭纹银，让他和儿子速速离开。苏若兰见了，心中称赞："好一位侠肝义胆的少年英雄！"顿生仰慕之心。回去问父亲少年是谁，苏道质告诉她，少年就是已故右将军窦真的孙子窦滔，现在阿育王寺中习武。

法门寺一景

法门寺

法门寺地宫壁画

原来这少年英雄还出身名门，是虎将之后。苏若兰心中高兴，自己慧眼识人，就把心中的想法告诉了父亲。苏道质去窦家提亲，窦家见女方是名声在外的苏家三小姐，与自家门当户对，双方家长于是定下婚事，苏若兰在前秦建元十四年（347 年）嫁给了自己寻到的得意夫婿。

婚后，夫妻二人十分相爱，生活幸福甜蜜。但窦滔很快就被苻坚派去作战，东征西讨，没有停歇的时候。窦滔出身将门，自幼习武读书，有勇有谋，为苻坚立下了赫赫战功，成为苻坚手下的一员大将。不久，苻坚

法门寺春色

要攻打东晋，派窦滔出征。此时的窦滔早就厌倦了战争生活，不仅苏若兰希望他不再打仗，就是他自己也希望结束这样的生活。于是，窦滔找了个借口，打算推掉这次任务。不料却因此惹恼了苻坚，被苻坚革职发配到了流沙（今甘肃敦煌一带），硬生生地将夫妻二人分开了。法门寺一别，苏若兰从此每天度日如年，苦苦地等候丈夫归来。绿叶萌芽枯叶成，红花落尽雪花飘，寒来暑往，几年过去了，窦滔还是没有消息。在痛苦的等待中，苏若兰把自己对丈夫的思念化作诗文，竟然写出了七千九百多首诗！可是，还是没有等到丈夫的身影出现在自己面前。

法门寺

378年，苻坚发兵十万，大举进攻东晋，占领了军事重镇襄阳。征南大将军苻洛在此时发动了叛乱，苻坚情急之下，只好重新起用了窦滔，将他从流沙叫回，并封他为安南将军，镇守襄阳。苏若兰终于盼到了丈夫的归来。可是，不久她就发现丈夫有些异常，窦滔不是经常在家，对自己的态度也不像以前那样了。调查后，她知道了真相。原来，窦滔在流沙时认识了一位歌伎赵阳台。这位赵阳台能歌善舞，容貌出众，在窦滔流放期间就把他迷住了。现在窦滔被重新重用，把她也一起带回来了，不敢让苏若兰知道，就另外给赵阳台安排了住处。苏若兰知道真相后，非常气愤，恨丈夫违背了当初不纳妾的誓言，更恨赵阳台和自己争抢丈夫。一气之下，找到赵阳台，大吵了一架。赵阳台可不是等闲之辈，把自己受气的事情告诉了窦滔，又不停地在窦滔面前说苏若兰的坏话，她的挑拨使夫妻二人更不和睦了。后来，窦滔去上任，只带着赵阳台走了，把苏若兰留在了家里。

丈夫走后，苏若兰伤心至极。虽然恨丈夫纳妾，却也不能放下自己对丈夫的爱，逐渐思念起丈夫来。时间长了，思念无法停止，

法门寺地宫雕塑

就想和丈夫和解，想来想去，她别出心裁，把一首表达思念之情的回文诗用五色线织在一块八寸见方的手帕上，派人送给丈夫。窦滔一见诗文，感受到妻子对自己的情意，顿生悔意，立刻派人送赵阳台回关中去，又派人用盛大的仪式接来妻子，夫妻二人和好如初。

这方帕上的诗文就是名扬天下的《璇玑图》。《璇玑图》所写诗文，共841个字，横竖皆成诗，其中蕴含的感情真挚深切。据说，这首诗只有窦滔和苏若兰夫妻二人能读懂，别人无法明白其中深意。更有传说讲，原来苏若兰的《璇玑图》只有840

苏若兰对丈夫的思念与日俱增

法门寺

璇玑图

个字，后人因为感动于苏若兰的痴情而加上去一个"心"字。虽然是传说，但这个"心"字也是此诗的关键——即一个妻子对丈夫的忠爱之心。

《璇玑图》原图是以红、黄、蓝、白、黑、紫，五色丝线织绣的，容纳八百四十一字，分二十九行排列而成。外围与内部井字图案，是红字，四角纵横皆六字黑色。上下两方纵六横十六和左右两字纵十三横六字各为蓝色字。井字中心，上下两方纵四横五和左右两方纵五横四以及井内中心四角纵横各三为黄色。所以后世解读此诗的方法中就有七色法和井栏法。

《璇玑图》构思巧妙，无论是横读、纵读、

斜读、蛇行读、退一字读、交互读、间一字读、左右旋读等，都可以成诗，组成三言、四言、五言、六言、七言诗句。据唐代武则天《璇玑图序》中讲大约可以读出二百多首诗，宋代人也持此观点，虽然黄庭坚说"千诗织就回文锦"，但也只是文学的夸张手法。直到明代起宗道人将回文锦分成七块，读出了3752首诗，后来，经史学家康万民从七块中又分出一图，读出诗4206首。而在乾隆四十七年（1781年），扶风县知事熊家振修扶风县志，说他能够读出9958首诗。《璇玑图》究竟蕴含了多少首诗，至今尚无定数，可见它的精妙之处。

《璇玑图》对后世文学产生了重大影响。

庚信的《荡子赋》中就有"合欢无信寄，回纹织未成"的句子。萧绎的《荡妇秋思赋》中也有类似的句子："妾怨回文之锦，君思出塞之歌。"唐女皇武则天亲自为《璇玑图》写序。北宋诗人黄庭坚写了《织锦璇玑图》诗：

千诗织就回文锦，如此阳台暮雨何？

只有英灵苏蕙子，更无悔过窦连波。

清代诗人王士正也有为苏若兰曾被窦滔遗弃而鸣不平的诗《织锦巷》：

慧绝璇玑手，当如弃置何？

怜她苏蕙子，枉嫁窦连波。

历代的文人也都很喜欢创作这种诗。

法门寺地宫护法天王像

法门寺

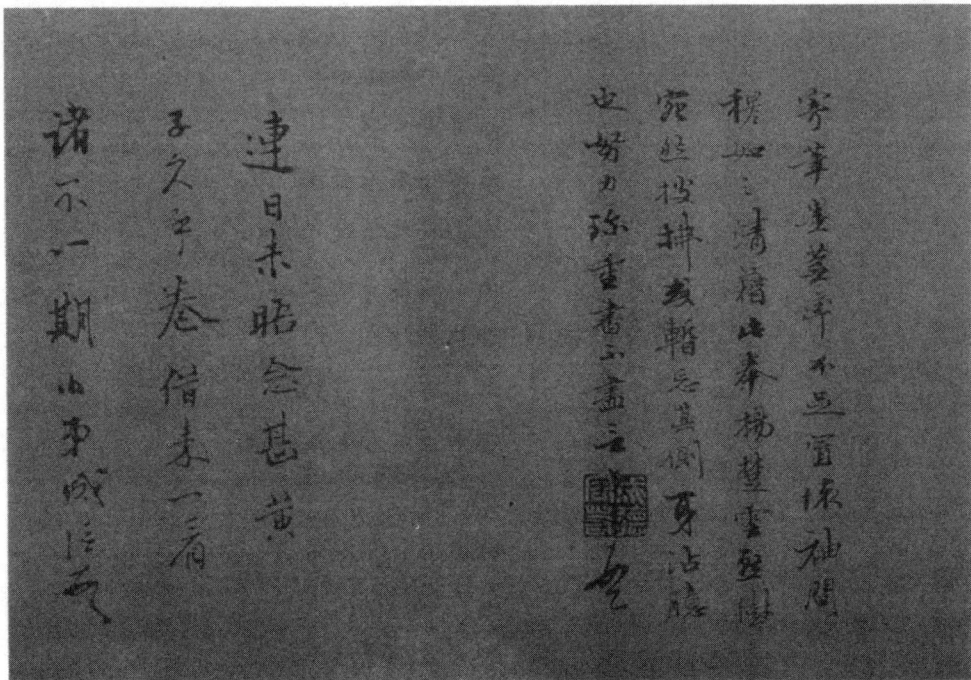

纳兰性德墨迹

著名的文学家如南北朝时期的庾信、唐代的陆龟蒙、皮日休、白居易；宋代的王安石、苏轼、黄庭坚、秦观；明代的高启、汤显祖；清代的纳兰性德等都有回文诗传世。如苏轼的"赏花归去马如飞，去马如飞酒力微。酒力微醒时已暮，醒时已暮赏花归"。传说中苏轼多才的妹妹苏小妹更是和秦观有遥赠回文诗的佳话。而回文也不仅仅作为诗的体裁之一，它在词、曲中都有所发展。像我们熟悉的宋词，王文甫的《虞美人》，顺读、逆读就有两种不同的词出现：

虞美人（顺读）

黄金柳嫩摇丝软，

永日堂空掩。

卷帘飞燕未归来，

客去醉眠欹残杯。

眉山浅拂青螺黛，

整整垂双带。

水垂香熨窄衫轻，

莹玉碧溪春溜烟波横。

（逆读）

横波烟溜春溪碧，

玉莹轻衫窄。

熨香垂水带双垂，

法门寺白玉棺

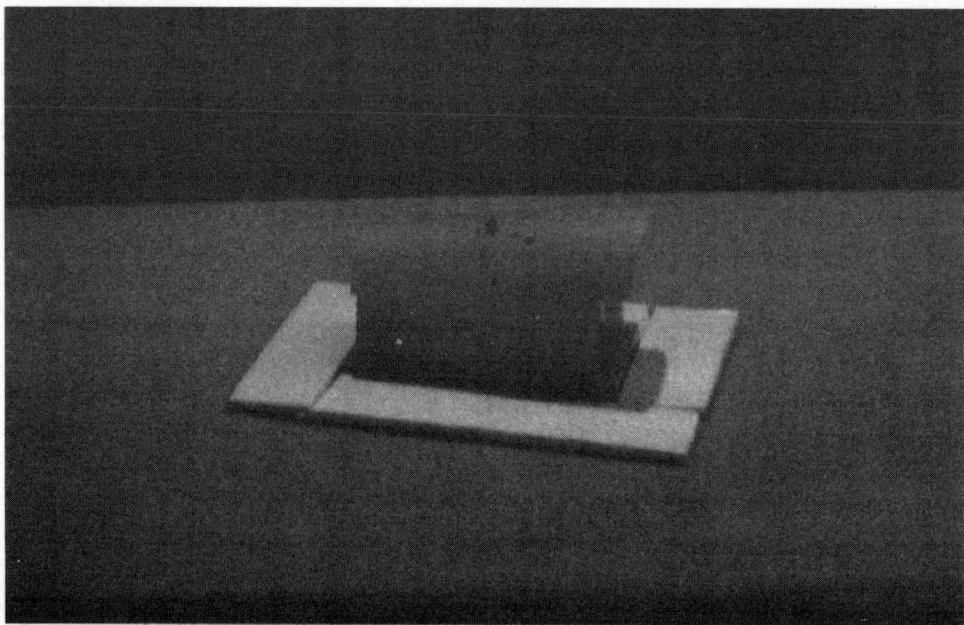

法门寺

整整黛螺青拂、浅山眉。

杯残倚眠醉,

去客来归未?

燕飞帘卷掩空堂,

日永软丝摇嫩柳金黄。

经过历代诗人们的开发与创新,回文诗
在形式上也有了更多的变化:有连环回文体、
藏头拆字体、叠字回文体、借字回文体、诗
词双回文体等等。使中国古典文学更具活泼
性和趣味性。

而苏若兰的生长之地,更是以这位才女
为荣,为了纪念苏若兰,人们把她在法门寺
住过的小巷取名为"织锦巷",修的台取名

为"织锦台"（清人李笃因还写过歌咏织
锦台的诗：织锦人何在？遗图尔自哀。秋
风吹蔓草，野日照荒台。缭绕悲心极，回
环妙绪开。此乡多好女，重识二班才。）
漂洗过丝线的渠池取名为"续坑"，在她
送窦滔去流沙的法门寺的北门外城墙上刻
"西望续坑"四个大字和"苏氏安机处"
五个小字。并在一方青石上面刻下《璇玑图》
嵌镶在北门照壁中间，供人玩味观赏。清
乾隆时陕西巡抚毕沅还为窦滔题刻"前秦
安南将军窦滔墓"的墓碑。夫妻二人可能
谁都不会想到是法门寺成就了他们的姻缘，

法门寺一景

法门寺

自己也会和法门寺结下不解之缘。

（二）散文：韩愈与《论佛骨表》

法门寺在前秦时期成就了才女苏若兰和窦滔的一段姻缘，却在唐代给大文学家韩愈带来了一段悲苦的遭遇。

作为政治家，韩愈可能不会在中国的历史上占有什么重要地位，但在文学史上韩愈却是一位举足轻重的人物，因为他是唐代古文运动的领导者，而古文运动的指导思想就是儒家思想，所以古文运动在一定程度上讲也是一次儒家思想的复兴运动。韩愈是儒家思想的推崇者，他认为只有儒家思想才是中国的正统思想，是最切实际的思想。但是，虽然汉武帝时"罢黜

韩愈像

韩文公祠

百家，独尊儒术"，但自从汉代佛教传入、道教兴起，儒家思想的正统地位受到了极大的动摇。而韩愈生活的时代（韩愈生卒年是768—824年）正是李唐皇室对佛教、道教极为重视的时代，佛、道二教的盛行，给社会带来了一些危害：大批人出家，他们本该承担的徭役赋税都摊派在人民头上，普通百姓的负担更重了；寺院占据了大片良田，造成农民破产；同时，修建壮丽的寺院，引起了大量财力、物力、人力的消耗等等，严重影响了社会的正常生活秩序。朝廷中已有不少有识之士看到了这些，纷

韩愈反对佛教

纷上书给皇帝，如唐朝初年的太史令傅奕，武则天时代的狄仁杰等。而韩愈就是这批反佛教人士中的坚定分子，他对佛教的反对是十分坚决的，态度也是最勇敢的。而且，他不仅反对佛教，还反对道教。

韩愈在文章中屡次提到反对佛教的观点。《上宰相书》中他说佛教学说是妖邪奸佞的无稽之说。《送僧澄现》中他讲佛教的危害，说西方传来的佛教在中国广建寺庙，招收信徒，是中国的祸患。《送灵师》中讲官府对佛教的所作所为听之任之，使社会的生产力遭到严重破坏。在著名的《原道》中，他更是怒斥佛教给人民加重了负担。对于自己的好朋友柳宗元，他也直言不讳，怪他不该信奉佛教。而在唐代思想家中，柳宗元的"礼佛"论是很出名的。他自称从小好佛，已经研究佛教学说三十年了。被贬官到永州和柳州后，柳宗元更是将自己无处发泄的愤懑心情转移到佛理的研究中。在《送僧浩初序》中，他表达了自己崇佛的观点。他还将佛教比喻成"韫玉"，认为韩愈是不懂佛教才会如此排斥佛教。而且柳宗元还有些援佛入儒的思想，认为二者并不冲突，可以利用彼此优势的方面。但这在认为孔孟是圣人、认为孔孟仁义之

柳宗元像

法门寺

唐代皇帝对佛教都无比崇信

道是至道的韩愈看来，是十分错误的，韩愈毕生都在进行反对佛教的斗争。也正是因为他如此激烈地反对佛教，才给自己的政治生涯带来了重大挫折。

　　唐代皇帝对佛教都是无比的崇信，所以有唐一代，皇帝多次举办和佛教有关的盛大法事。法门寺建寺是因为要供奉佛祖释迦牟尼的指骨舍利，这使得法门寺在众佛寺中地位非同一般。在唐代，法门寺被指定为皇家寺院和内道场，是当时四大佛教圣地之一。李唐皇室也多次迎接佛骨舍利入长安都城。而最出名的迎奉佛骨事件发生在宪宗时期。

唐代长安古城墙遗址

之所以这么出名，在于这次事件得到了韩愈等人的激烈反对，在朝野上下产生了极大的轰动。

元和十四年（819年）春，唐宪宗想迎佛骨入宫中供养，一时轰动了长安城：唐宪宗命令太监和宫女手持鲜花，将佛骨迎入皇宫，供了三天后，又送到其他佛寺。当时上自王公大臣，下至平民百姓，都奔走相告，瞻拜施舍，闹得沸沸扬扬。韩愈自是站出来激烈反对，给宪宗皇帝上了一道《谏迎佛骨表》的奏章，劝谏皇帝不要如此迷信佛教，谁知惹得皇帝龙颜大怒，差点要杀了韩愈，多亏当时的宰相裴度等

在唐代，法门寺被指定为皇家
寺院和内道场

人求情，才留下韩愈的性命，把他从刑部侍
郎贬官为潮州刺史。韩愈却始终不改其志。
这道《谏迎佛骨表》就是赫赫有名的《论佛
骨表》。

《论佛骨表》中充满了韩愈站在儒家立
场上反对佛教的激烈言辞，整篇文章到处充
斥着反佛教的思想，文章开篇，韩愈用了比
较的方式，向皇帝说明佛教是中国的祸患。
因为从上古开始，无论是黄帝、少昊、颛顼、
帝喾还是尧舜禹在位，中国都是天下太平，
百姓和乐的。后来建立商汤、周朝，因为没
有佛教的传入，也都是相安无事的。而且，
这些帝王们在位时间都很长久，上古时代帝

王的寿命更是很长久的。如少昊活了一百岁，在位时间就有八十年之久；黄帝活了一百一十岁，在位时间有一百年。这些肯定都不是因为他们信奉佛教才出现这样的结果的。而汉明帝时佛教传入了中国，情况就不同了，中国开始动乱不安。三分天下的三国鼎立不就是这样的吗？后来的宋、齐、梁、陈、魏等国都吸取教训，限制佛教的发展了。其中只有梁武帝好佛，留下了"南朝四百八十寺"的传说。可他如此敬佛，得到了怎样的结果？他几番想出家，不食荤腥，最终真的被围困在台城，因饥

法门寺地宫文物

法门寺

饿而死，国家也灭亡了。韩愈在这里讽刺说：信奉佛教是为了祈求幸福，却得到了灾祸，看来这个佛教是不值得信奉的。

接下来就提到了眼前皇帝迎舍利入京都的事情。作为儒家思想的信奉者，韩愈肯定要遵守儒家"温柔敦厚"的说教观和严格的等级观，不能直接指责皇帝的错误。所以，他盛赞宪宗皇帝是"数千百年来，未有伦比""神圣英武"的皇帝。在即位之初，宪宗还禁止人民剃度出家，建立寺庙，有继承高祖皇帝志向的表现。如此英明的君主，自然是不能被佛教迷惑了。接下来，韩愈就要

法门寺地宫文物

法门寺与中国传统文学艺术

法门寺佛像

对皇帝进行劝导了，他说：佛教本是夷狄的信仰，西方夷狄与我们不仅语言、服饰不同，连思想也是不同的，我们有自己的孔孟思想，完全没必要信奉夷狄宗教。连孔圣人都说过"敬鬼神而远之"的话，所以，对待佛教，只是外交礼节上的表面文章，佛教说的舍利宝物，只不过是死人的骨头罢了，这种污秽之物怎么能进入宫廷禁地呢？现在佛骨在长安，闹得全城百姓都不得安宁，不顾家业，朝拜施舍，严重扰乱了社会秩序。对于佛骨，最好的解决办法就是烧掉，溶解在水里，永绝后患！韩愈还勇敢地承担起因此而可能出现的灾祸。

对于皇帝，韩愈可谓用心良苦，《论佛骨表》写得妙笔生花，说理透彻，怎奈皇帝执迷不悟，更因韩愈如此贬低他信奉的佛教，诋毁他如此看重的舍利，怎么能不把韩愈贬官撤职呢。于是，韩愈被贬到了潮州。

在去往潮州的路上，行至蓝田县时，遇到赶来的族侄孙湘，韩愈写下了著名的《左迁至蓝关示侄孙湘》诗：

一封朝奏九重天，夕贬潮州路八千。

欲为圣明除弊事，肯将衰朽惜残年！

云横秦岭家何在？雪拥蓝关马不前。

知汝远来应有意，好收吾骨瘴江边。

法门寺佛像

法门寺与中国传统文学艺术

这首诗是韩愈诗作中艺术水平很高的一首。韩愈在诗中表达了自己因尽忠而被贬，却矢志不渝的决心，但被贬官，心中也是很郁闷的，诗中也透露出这种无奈和对前途未卜的悲凉之情。首联直书自己被贬的原因，两句诗在格调上形成了鲜明的对比，早晨还是站在金銮殿上的朝廷重臣，晚上就被发配到了几近万里之遥的蛮荒之地。这落差是何等之大！颔联却承续了直叙的风格，直言自己将要将排佛之事进行到底，表达了韩愈对朝廷的忠心，可谓是用心良苦。也看出韩愈坚韧勇敢的一面，他还是坚持自己是正确的。颈联就开始表

韩愈诗作碑刻

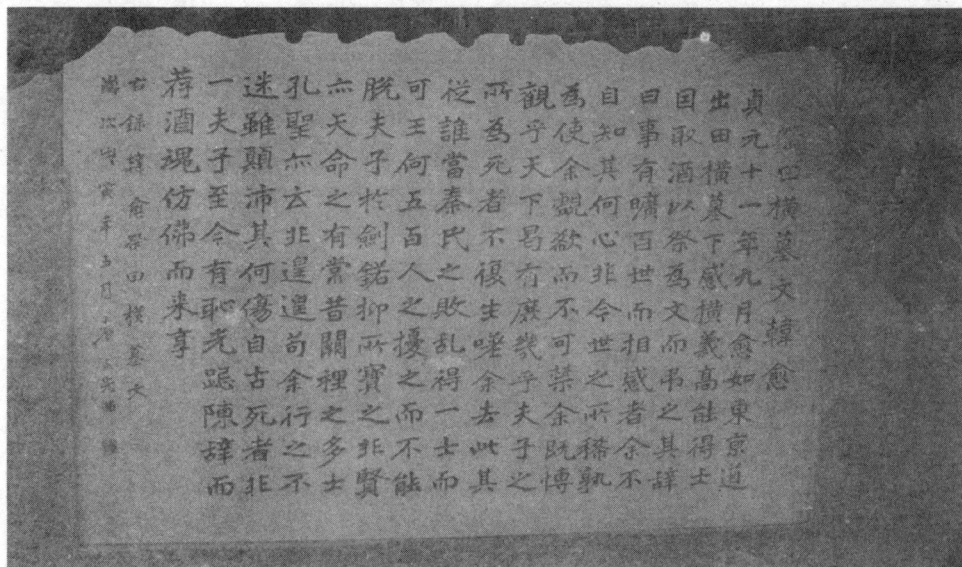

法门寺

法门寺一景

达被贬的郁闷之情了：远离亲人，自己独自走向蛮芜之地，这是何等孤单与痛苦。秦岭就是终南山，其高入云，遮挡住自己望京都的视线，所谓"总为浮云能蔽日，长安不见使人愁"，自己离开京城是前途未卜啊。尾联是对孙湘说的话——你来了与我同行，也是好事，就算我死了，还能有人替我收拾尸骨。这是多么的悲凉，充满了英雄末路的凄楚。而颈联中说"云横秦岭家何在，雪拥蓝关马不前"，这是对当时历史的写实之句。这一年，发生了大雪灾，极度的寒冷冻死了很多人，而韩愈此去潮州的路径只有两条，

法门寺与中国传统文学艺术

潮州风光

经过蓝关南下是其一，也是这场雪灾后的唯一选择。天灾人祸，缠绕在韩愈的心头，此句是韩愈当时烦乱忧思心态的最切实的写照。

《左迁蓝关示侄孙湘》与《论佛骨表》，一诗一文，围绕着佛骨事件，表现了一代大家韩愈思想中进步的一面，在创作艺术和思想上都达到了当时人所不能及的高度，堪称双璧。虽然韩愈因法门寺舍利事件使自己的人生经受了曲折，却功在后世，为后人留下了如此优秀的文章与诗歌。这可能也是"塞翁失马，焉知非福"吧。

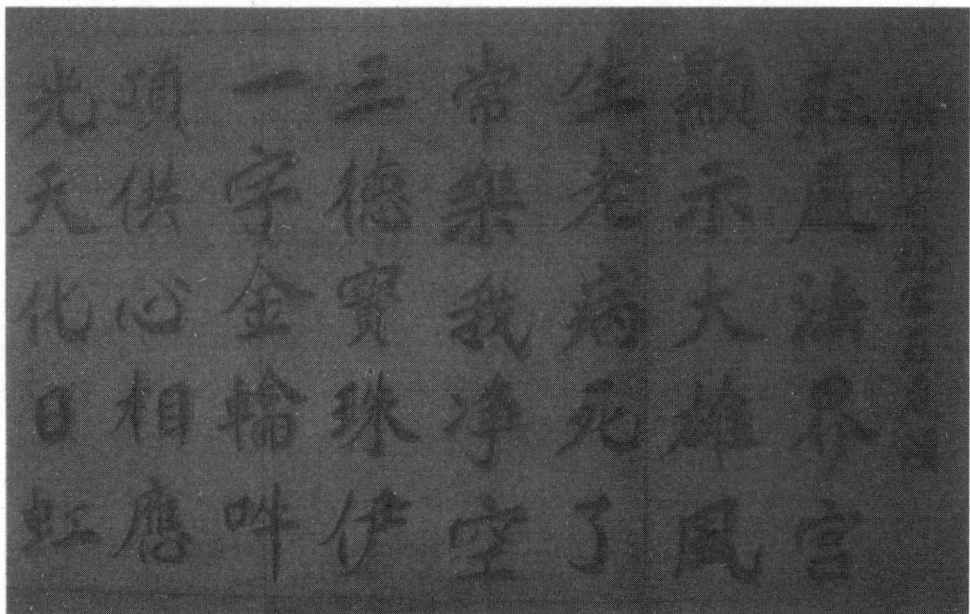

法门寺地宫雕刻《庄严颂》

（三）碑碣及书法艺术

碑碣，是用来记载一些有纪念意义的事情的石头。早在春秋时期就已经出现了"碑"这个名词，碑碣是碑的统称。法门寺作为一代佛教文化圣地，在其漫长的历史演变中，也不会缺少碑碣这一项内容。

法门寺的碑碣很多，但最早时期的碑碣毁坏严重，保存下来的较早的是周魏时期的两块：千佛碑和七女碑。这两块碑的现世是在唐代。据唐代释道世的《法苑珠林》中记载，在贞观五年（631 年），唐太宗派岐州刺史张亮开启法门寺地宫，在迎接佛骨舍利时，发现了千佛碑的残碑。残碑埋在地下近丈深的地方，应该是北周武帝打击佛教的结果。碑面刻有很多佛像，或大或小，排列有序。又刻有十九个字：己卯三月己丑朔十七日乙巳佛弟子淳于舍干。这是碑文中的一段铭辞。根据这几个字所记载的干支月日，千佛碑应该是刻于北周明帝武成元年（559年）。另一块北周七女碑，保存情况较好，从碑文中可以辨认出七行一百三十个字，足够了解碑文的内容了：记载的是北周贵族一家七子及其家人的一些情况。如，七子的官职，有些儿子做到了仪同三司。他们的妻子也都是出身王公

法门寺地宫文物

法门寺

贵族之家，可以看出，这是个富贵之家，或许是他家出钱修建了阿育王寺，所以立碑以示纪念。

周魏时期的碑碣存世的不多，到了唐代，法门寺受到皇室的格外礼遇，碑碣立了很多，保存情况也比较好。唐代的碑碣是研究法门寺历史的重要依据。主要的碑碣有：

唐千佛碑是武则天时代所立，碑面阴刻《大涅槃经》，但字迹剥落，无法辨认清楚具体内容。后不知道此碑去向，但据元代黄树毂所传《扶风县石刻记》中载此碑具体形象"白石娟致可鉴，圭首，碑高今尺三尺五寸，宽一尺八寸。上刻千佛……"及所刻经

法门寺地宫文物

唐代碑刻

文，称此碑为唐碑中的"上上品"，当在元代时此碑尚存。

《法门寺惠恭大德之碑》，共两通，一为墓碑，一为记载事迹之碑。此碑立于唐永昌元年（689年）。记载的是当时法门寺住持僧惠恭的事迹，这也是唯一一块记载法门寺住持僧事迹的碑碣。碑的阴面刻有《遗教经》。

《中宗皇帝下发入塔石匣盖铭》碑，此碑存于法门寺塔基西南地下。记载了唐中宗第三次迎佛骨的情况。

《大唐圣朝无忧王寺大圣真身宝塔铭

并序》，此碑极具史学价值。立于大历十三年（778年），由张彧撰写。铭文涉及的内容很广泛，包括法门寺的缘起、历史沿革情况、唐代皇室礼佛盛况等。碑高九尺六寸，宽四尺二寸，共一千九百二十五个字。

《大唐咸通启送岐阳真身志文碑》，碑文叙述了法门寺在唐代皇室迎佛骨时的盛况及后"会昌法难"时寺僧以"影骨"代替灵骨的经过。在内容上与张彧的碑文相接。碑长一百一十三厘米，宽四十八厘米，共九百八十七个字，分刻四十七行。楷书行文。

《监送真身使随真身供养道具及恩赐金

银衣物帐碑》，是对皇室礼佛情况在器物方面的一个详尽介绍。后三通碑，是唐碑中最具研究价值的碑碣。

五代时期，社会动荡不安，但还是能见到此时的两通碑碣。《大唐秦王重修法门寺塔庙记》，碑文内容主要是记叙李茂贞统治凤翔县二十年中对法门寺的五次重修，及法门寺的历史沿革情况。另一通是记载立此碑的刘源的情况。

到了宋代，存世之碑有两通。一是《法门寺浴室院暴雨冲注唯浴室镀器独不漂没灵异记》。此碑刻于北宋太平兴国三年（978

五代时期的石刻造像

法门寺

法门寺真身塔

年），为毛文恪撰文。碑石嵌于法门寺大殿
西侧墙壁中。碑两尺见方，碑文约六百二十
字。一为《普通塔记》，立于庆历五年（1045
年）。碑文记叙的是智颙和尚为四十多具游
僧的尸体化缘墓地安葬的事情。这个和尚
做的最大的事情却是磨去前面所提的北周碑
碣，来刻自己的碑文。碑文有《礼法门寺真
身塔》诗题名、《买田地庄园记》、《圆相
观音菩萨瑞像颂》、《琅琊宗元与渤海遵礼
赞皇宗古彭城舜卿汝南永锡同竭道者广秘》
题名、《法门寺重修九母子记》等八篇，对
研究宋代佛教的新发展有很大帮助。

法门寺主碑碑文

金代的碑碣有三通：

《谨赋律诗九韵奉赞法门寺真身宝塔碑》，立于金卫绍王完颜永济大安二年（1210年），此碑嵌于法门寺正殿西耳房前檐墙壁中。碑文主要是师伟和尚《奉赞法门寺诗》一首，全诗九韵十八句一百二十六个字。诗中有"百代王孙争供养，六朝天子递修鲜"等名句。

《金烛和尚焚身感应之碑》，记叙的是金烛和尚的身世及其焚身供佛的行为。金烛和尚生于金皇统九年（1149年），自焚于泰和六年（1206年）三月十八日，时年57岁。

《金代法门寺藏经碑》，介绍了法门寺搜集、修补、保存大藏经的情况。说此时法门寺藏经不下一万余卷，是了解法门寺藏经

情况的重要资料。

明代碑碣有五通：

《重修法门寺大乘殿记》，由国子监生张杰撰写碑文，国子监阎忠书写。立于明弘治十八年（1505年），主要介绍了满诉、通璟二僧两次重修法门寺大乘殿的事迹，并涉及法门寺的历史情况。隆庆六年（1572年）立下了《西蜀大洲居士书痴僧劝缘偈》，

法门寺地宫雕刻

法门寺地宫佛像

记载了僧人苦行化缘以重修寺庙的事情。此外还有《记第四层宝塔助缘工成碑》、《岐阳镇丹霞观远门记》，以及立于万历四十三年的一通碑。

法门寺在清代时已经衰落了，立下的碑碣很少。顺治十年（1653年）立下《重建钟楼记》，光绪十年（1884年）立下《重修崇正镇法门寺碑记》，后光绪十二年、光绪十四年也都曾立碑纪念重修法门寺的事迹。

介绍了这么多的碑碣，除了将它们看做

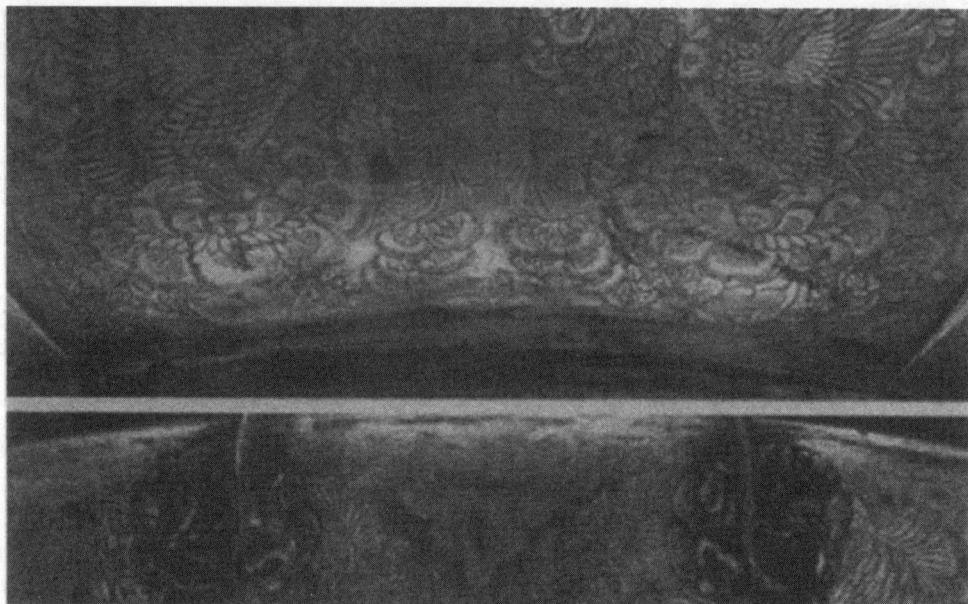

法门寺文物雕刻

中国传统建筑学的一个内容外，值得我们关注的地方还有碑文中所体现出来的书法艺术美。书法艺术是中国传统的审美艺术，书法最集中、最具代表性地展现着东方的审美情趣。文学上常讲"文如其人"，书法也是这样，所谓"字如其人"，虽不能做到绝对准确（秦桧人不好，字却写得不错），但一般情况下还是比较准确的。扬雄说"书为心画"，这是有道理的。一点一横、一撇一捺，起承转合、抑扬顿挫中，一个人的精神世界展露无遗。这体现着一个人对世界、对自己、对人生的认知。同时，宗教精神对书法这种以内在精神为主要运

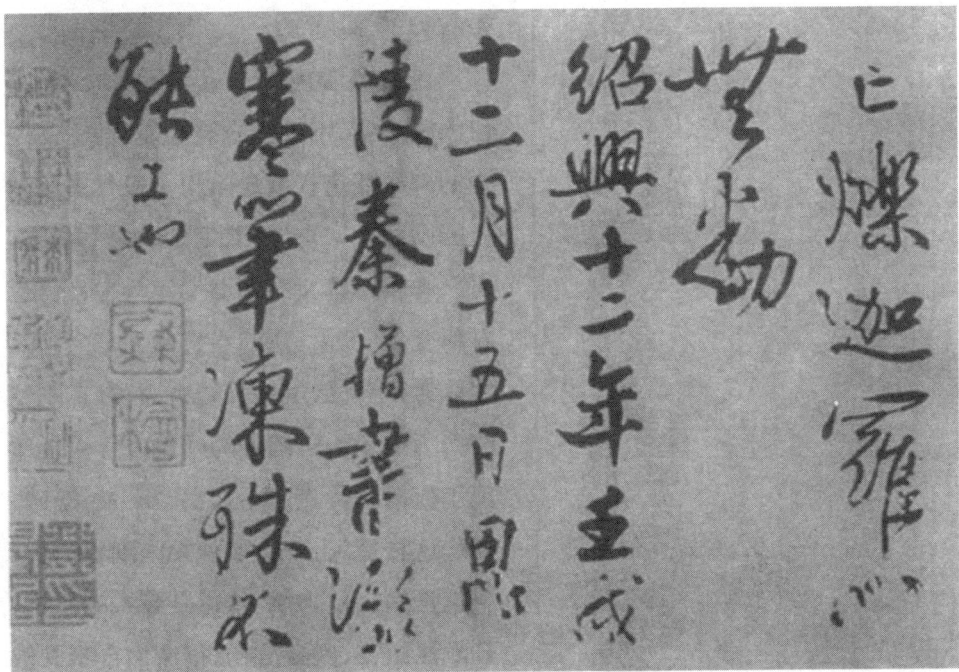

秦桧书法

笔动力的艺术，更是给予了很大的影响，使书法偏重于"意"的传达，所以说书法是有哲理审美意义的。一个人毕竟是生活在一个具体的时代中，其书法必定反映着这个时代的特色，所以时代自有变迁，而书法亦同步跟进。

法门寺的碑碣中反映书法的时代变迁要从北周碑碣开始算起。南北朝时期书法有北碑南帖之分。帖以流利为尚，适合草行；碑却以严整为美，适合隶楷。七女碑是典型的北碑，碑文字体结构严谨，字型齐整方正，而且笔锋明显，带有刃气。

法门寺与中国传统文学艺术

唐代是我国碑刻最发达的时期，不仅内容丰富，书法上也有极高价值，法门寺的碑碣在唐代就显示出了极具审美特性的书法艺术美。唐代书法以楷书居多，所以碑碣中碑文以楷书书写为主，但也有所变化。例如，《法门寺惠恭大德之碑》，字体方正严谨，笔锋险峻有力，却在刚健的内力中示人以圆融的外貌，鲜明地体现了唐楷的特点。《中宗皇帝下发铭》碑亦是这种情况，碑文字外柔内刚，颇有初唐虞世南、欧阳询、褚遂良等的风格。且章法缜密，圆融流畅，很像出自受到佛教精神影响的人之手。《物帐碑》《志文碑》都

唐代书法以楷书居多

法门寺

102

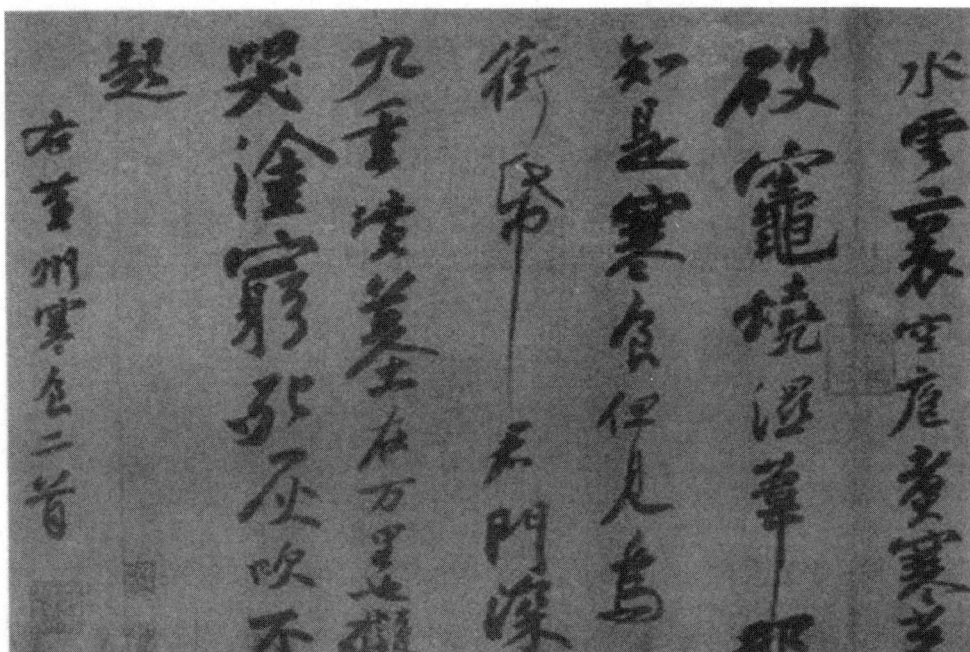

苏轼墨迹

出自本寺僧人之手，文字平正冲和，自然端庄。

宋代则出现了书法四大家——苏轼、米芾、蔡襄、黄庭坚。此四人的书法各有千秋，苏轼丰腴跌宕，天真烂漫；黄庭坚纵横拗崛，昂藏郁拔；米芾俊迈豪放，沉着痛快；蔡襄取法晋唐，讲究古意与法度，其正楷端庄沉着，行书淳淡婉美，草书参用飞白法，谓之"散草"，自成一体，非常精妙。这四家在当时和后世都产生了重要影响，其风格特色为后世所效仿。《法门寺浴室院暴雨冲注唯浴室镀器独不漂没灵异记》碑的碑文字体却没有

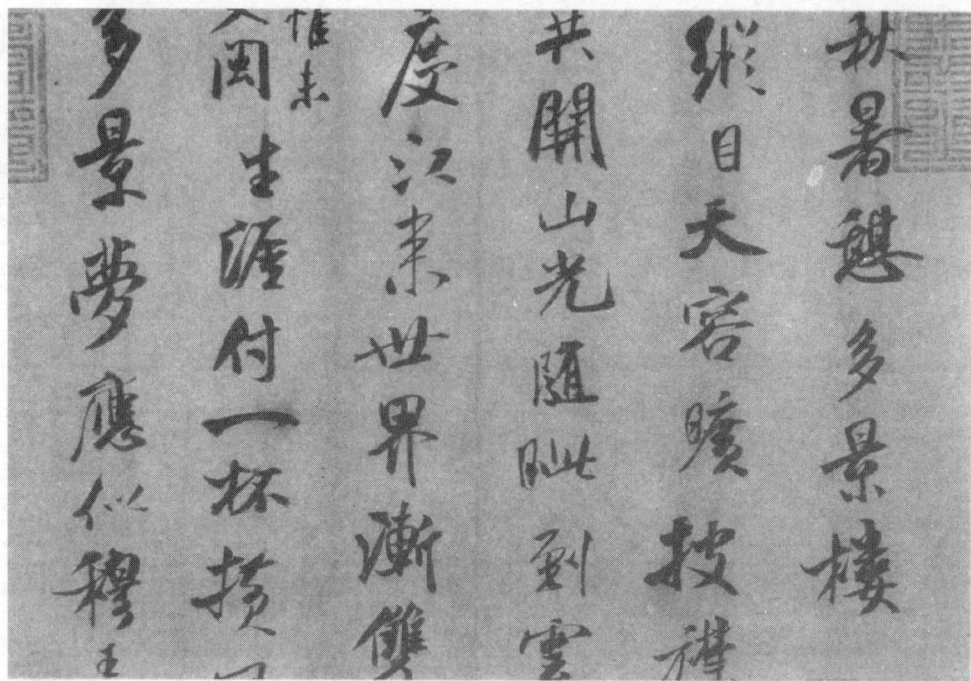
米芾墨迹

这个时代的优秀书法艺术的特色，显得严谨有余，神气不足。幸而《普通塔记》的碑文弥补了这一缺憾，此碑文出自寺僧可度之手，字体秀丽瘦劲，且飘然潇洒，颇有几分禅意，是难得的好作品。

元代的《谨赋律诗九韵奉赞法门寺真身宝塔碑》，碑文出自进士朱景佑之手，字体是行书，非常流畅飘逸，字体厚实。

明代书法最初流行台阁体，此体特别注意表现书法的形态美，表现为字形端庄雍容，笔法婉丽遒美，规范性强等特点。要求书法家必须具备娴熟的技艺，但又不得任意发挥，流露出较多的个性。《重修法门寺大乘殿记》碑，由国子监阎

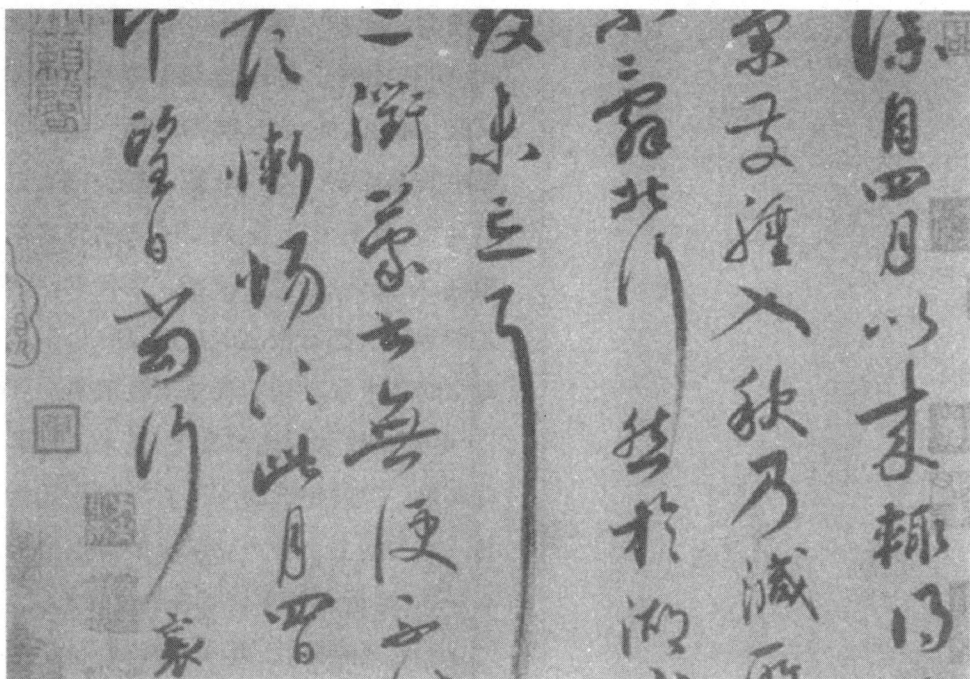

蔡襄墨迹

忠书写，碑文笔法不出台阁体之范围。《西蜀大洲居士书痴僧劝缘偈》碑文也能体现明代书法的这个时代特点。碑文匀称有加，却少了些生气。后弘治年间出现吴门书派，逐渐注重书法作者个人的个性发挥，文字才变得灵动一些了。

清代书法则多宗前代，清前期宗帖，中后期宗碑。各家的书法都很有特色：王铎行草浑雄恣肆，一时独步；刘墉的书法力厚思沉，筋摇脉聚；王文治的书法强调风神，秀丽飘逸，但缺少刘墉的魄力。此外，钱澧的颜体楷书丰腴厚润；伊秉绶擅长隶书，以颜

法门寺与中国传统文学艺术

书笔法体势作汉隶，魄力恢弘，有独特的风貌。扬州八怪中的郑板桥熔真、草、篆、隶于一炉，自名为"六分半书"。陈鸿寿的隶书将篆隶相融，中敛外肆，意趣清新。清代书法在各种字体上都有很高的成就，所以，清代碑文的艺术水平较明代要出色很多。

尽管各代书法名家辈出，艺术造诣各有侧重，但就记载碑文而言，多使用楷书。这与楷书自身严正稳重的特点是分不开的，这是记叙文最适合的文字形式。

此外，还有宋代、明代的砖刻，也是

刘墉墨迹

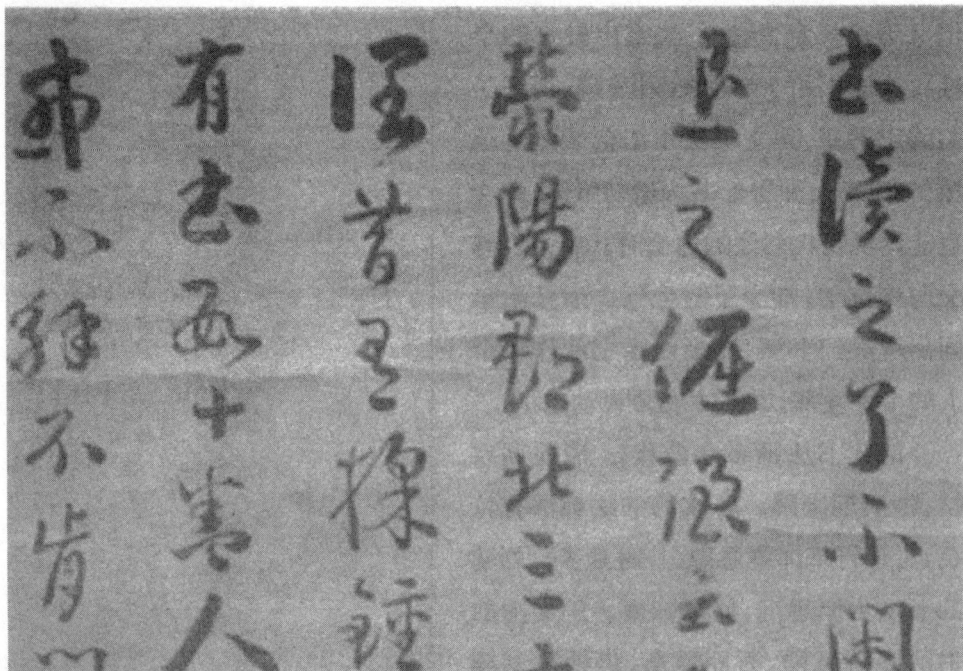

很重要的研究法门寺的历史证物。但砖刻之文大都不是出自名家之笔，书法造诣上要比碑碣逊色很多，这里也就不作介绍了。

（四）佛教乐舞、佛像、武术

1. 佛教乐舞

不要认为寺院的生活就是青灯古佛的单调日子，其实，寺院亦不缺乏悦耳的音乐、动人的舞姿，即佛教为弘扬佛法举办的"无遮大会"。佛教音乐，即"梵呗之声"。有记载的中国第一位佛教音乐家是三国时的曹植，他创作了"鱼山梵呗"。东吴僧人支谦

陈鸿寿隶书作品

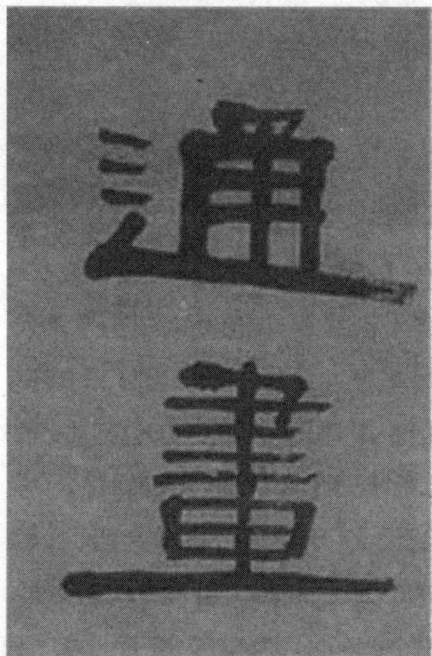

佛教乐舞雕塑

依《无量寿经》和《中本起经》创作了《赞菩萨连名梵呗》。康僧会也依双卷《泥洹》制《泥洹梵呗》。到了隋代，佛教音乐进入宫廷，属于当时"七部乐""九部乐"中的"西凉钟"，包括《永世乐》《万世丰》《于阗佛曲》《天曲》等。唐代，宫廷设有"十部乐"，佛曲大盛，有《弥勒佛曲》《日

光佛曲》《药师琉璃光佛曲》《龟兹佛曲》
《观音佛曲》等二十六首。在一定场合下，
佛曲还可以当做舞曲用，前面说的《天曲》
中的《婆罗门》，就改编为《霓裳羽衣曲》,《龟
兹佛曲》中的《浑脱舞》就被改编为公孙
大娘的《剑器舞》。宋代，佛曲还和词等
文学形式联系在一起,成为词的配乐。明代,
明成祖朱棣御制佛曲,数量达四千五百首。
佛教音乐分为三类，其中赞、颂、祝、礼、
咒等用于做法事的音乐，和用于佛事活动
的器乐音乐是最主要的两类，此外还有在
民间广为流传的"杂曲"。佛乐使用的乐
器主要有笙、管、笛,同时用木鱼、锣、鼓、铛、
铙、钹等伴奏。佛乐最主要的特点是庄严、
清正、和雅、澄澈、舒缓，具有很强的心
灵净化作用。

木鱼可用于佛乐伴奏

　　与法门寺关系最为密切的是皇室奉迎
舍利时的佛曲乐舞表演。据记载，懿宗咸
通十四年迎接舍利时，就举办了盛大的无
遮大会。四处张灯结彩，建设楼台殿阁，
设置佛像，派乐队在上面鼓吹奏乐，让小
孩子们穿得漂漂亮亮的，游戏其间。还装
饰彩车，使歌儿舞女于车上演唱舞蹈。这
种表演队伍，不仅仅有国家派出的，也有

法门寺僧侣演奏

私人的，所谓"公私音乐，沸天烛地，绵亘数十里"，景象颇为壮观。

关于音乐方面，法门寺还有个"七音碑"的传说。说是在法门寺西的漆水河边住着个叫师况（这个名字倒和先秦时代的著名音乐家师旷相去不远）的少年，很有音乐天赋，自幼就喜欢唱歌，还能惟妙惟肖地学很多鸟兽虫鱼的叫声，用草叶、树叶也能吹出动听的声音。但他总是觉得遗憾，因为这么多美妙的声音却无法记录下来。有一天，他梦见自己跟着金凤凰游览了仙宫。在天庭里，他见到了七位正在表演歌舞的美丽仙女。这七

位仙女各自演奏一种乐器，吹拉弹唱，舞姿翩翩，好不热闹迷人。师况看得出神，突发奇想——这仙女的身姿不是可以作记谱的象征，弹奏乐器的音律不是可以作乐谱吗？醒来后，他赶快记下了梦中所见所听，即1、2、3、4、5、6、7，七个音调。更离奇的事情还在后面，师况披衣走入院中，忽然发现有几颗星星划过夜空，金光灿灿地坠入了漆水河。第二天，师况在漆水河中发现了一块有七个孔的长条陨石，用手敲打，石块就能发出美妙的音乐。师况慢慢从中体会出了音乐的基本规律，学会了乐谱的记载。人们为了纪念师况，就把漆水河改名叫七星河，那块陨石就叫做"七音碑"。后来，唐代大书法家褚遂良又在碑上写了《圣教序》，这块碑就更有传奇色彩和文化魅力了。

2. 佛像

佛教自从传入中国后，与中国传统文化相结合，逐渐创建了自己的神祇系统：第一是释迦牟尼佛祖，随后是菩萨，诸如文殊、普贤、地藏、弥勒、金刚手、观世音、除盖障、虚空藏等八大菩萨。其次是罗汉，所谓十八罗汉、五百罗汉等。还有护法，像夜叉、乾达婆、阿修罗、迦楼罗等"天龙八部"及伽蓝神等等。这就推动了佛像的发展，对中国的美术产生了极大的影响。在魏晋南北朝时期，佛像雕塑成为中国雕塑的主流，产生了龙门、云冈等著名

铜增长天王像

法门寺

112

佛教石窟。东晋时更是出现了一批佛像美术家，如顾恺之、曹不兴、卫协这样的佛教画家。唐宋时期更是佛像雕塑的发达时期，产生了"吴带当风"的吴道子等著名的人物像画家。

法门寺的历代佛像主要有：周魏时期的千佛像、隋代的菩萨像、唐代懿宗、僖宗时代的鎏金珍珠装捧真身菩萨像、鎏金菩萨像、石刻南方天王、石刻东方天王、六臂观音等以及舍利宝函上雕刻的佛像，都是非常精美、带有大唐气象的珍贵艺术佳品。宋元时期留存下来的佛像较少，有记载的只有宋代的九子母像和观音像，虽然数量少，但也体现了宋代佛像艺术的特点之一——以菩萨像居多。明代的佛像，主要是重修的法门寺真身宝塔中的八十八座佛

漆金铜观音菩萨像

佛像

像，及万历等朝陆续建造的其他一些佛像。清代建造佛像较少，基本上处于对明代佛像进行维修的状态。

法门寺历代佛像，基本上都体现着当时最流行的造像艺术特色。如周魏的千佛碑，就体现着从十六国到北魏太武帝灭佛前的造像艺术特色，这段时间的佛像主要受印度佛像艺术和中国本土造像艺术的双重影响，更兼此时主要是北方游牧民族当权，佛像的塑造都带有鲜明的北方特色：造型都比较粗犷，佛像的面庞都比较丰满。佛像气势雄浑，神态安静内敛，气质稳重古朴。我们看到的千佛碑也基本如此，没有多余的粉饰，简单利落。南北朝时期的佛像，虽然不见记载，但根据当时佛教的繁盛情况看，数量应该不少。北朝虽然经过一阵"清瘦"的审美热潮，但后来依然转向"雄浑质朴、健壮威严"的特色。南朝却显示出很大区别，受当时崇尚清谈思想的影响，南朝佛像普遍都是清瘦的造型，气质上清雅娟秀，带有鲜明的南方风格。到了隋唐这样的造像盛世，佛像的风格就基本成熟了，唐代以丰硕为美，所以佛像都面庞圆润，显得端庄沉稳。而且佛像普遍都梳高髻，如鎏金珍珠装捧真身菩萨像就是这样，菩萨头戴花冠的特点也有所体现，这与当时女性流行的发饰是有密切关系的。唐代佛像都很"富态"，不仅在于他们造型雍容典雅，也在于佛像塑造得很健壮，这点在天王力士造像中体现得最明显。宋代佛像以写实为主，这表现在前代都是比较"苗条"的弥勒佛，在宋代就变成了如今所见的大肚弥勒了，带有世俗审美情趣，亲切自然。宋代造像中菩萨像的艺术水品最高。辽、金两代，法门寺的佛像虽不可见，但史料对其佛像艺术特点均有记载，即二代继承了唐宋的佛像风格。表现在佛像造型虽不如唐代浑圆丰硕，但也不减健

观音菩萨像

壮之姿。佛像的衣服给人的质感要强于前代,且佛像饰品如璎珞之类要比前代简洁。最鲜明的特色是发式和花冠,都带有少数民族的特色。明清佛像世俗化较宋代更进一步,神采较前代逊色许多。

3. 武术

这里对法门寺武术作一个简略的介绍,为的是让读者对法门寺的文化有一个比较全面的认识。都讲少林武术甲天下,可是法门寺作为名寺古刹,也不只是读经讲法的地方,法门寺也有武术。苏若兰的夫君窦滔在法门寺习武就是证明。法门寺著名的武术是红拳。

镀金铜释迦牟尼佛像

法门寺

116

少林武僧

红拳是陕西最主要的武术流派，有着悠久的发展史。红拳的萌芽可以上溯到周秦时代，西周丰镐盛行"角力"舞。秦王嬴政战胜归来，命令武士"击膊拊髀"（跳拍打舞）以示庆贺，这成了红拳套路中的"放炮"和"十大响"的最初形式。红拳分为三大派：关东、关中、关西。关中红拳又有"小红拳"、"大红拳"、"二路红拳"、"太祖红拳"、"粉红拳"、"六趟"、"六架势"、"炮锤"、"四八锤"等内部流派。

唐代称红拳为"角抵"。据《扶风县志》的记载，唐代法门寺鼎盛一时，时有武僧近

唐代《角抵图》

千人，皆以习练红拳为主。红拳经过在佛门的习练，逐渐融入了佛家精神。本来以拍打、撑斩为精髓的拳术与佛教以静、柔、韧为主的禅功相结合，创造出红拳的入门功法，即十大盘功：霸王举鼎、撑补势、力推泰山、千把攒、孤雁盘翅、却地龙、燕子噙泥、天王托塔、魁星提斗、朝天蹬。盘功是受禅功打坐功影响的产物，可以达到动以健身、静以修心的效果。红拳还成就了郭子仪、薛仁贵等唐代名将。

红拳的套路到了唐末宋初之时才基本定

下来，这与宋代一个颇具传奇色彩的人物陈
抟有密切关系。陈抟因为屡次科场失意，决
定隐居，来到华山修道。在山上他经常遇见
一个樵夫，两人渐渐熟了，樵夫不仅向他介
绍华山的风土人情，还教他一套拳术用来健
体防身。后来，因为陈抟跳出红尘，来此修
道，却练习了红尘中的拳法，就把这套拳法
叫做"红拳"，陈抟还曾把红拳传授给宋太
祖赵匡胤。北宋末年的抗金名将岳飞也学过
红拳。明代的戚继光还把红拳作为士兵训练
的必修科目。而明末农民起义的领导者李自
成更是把红拳加以改造，创立了一套"闯王

敦煌壁画《角抵图》

法门寺与中国传统文学艺术

李自成塑像

拳"。红拳在清道光、咸丰年间达到了鼎盛阶段，出现了三原"鹞子"高三、临潼"黑虎"邢三及潼关"饿虎"苏三、"通背"李四四位高手。这四位精通红拳的大家使红拳发展得更为成熟了，他们共同研创了"四究拳"，使红拳形成了盘、法、势、理俱全的红拳体系。